JN308633

子ども支援学研究の視座

安部 芳絵

学文社

はじめに

　大きな木になれ，とおとなは願う。幹が細いとあわてて水をやり，葉が小さいからと陽を当て，早く花を咲かせ実をつけよ，とおとなは願う。私たちは，子どもに，目に見える成果ばかりを要求する。大きいこと，早いこと，間違わないこと。けれど，大きな木には，同じくらい大きな根が必要である。小さくても，ゆっくりでも，たくさん失敗しても，自分で考え，誰かとともに何かをやりとげる。そんな，目に見えないところでしっかりとはられた根こそが，子どもの育ちを支えるのではないか。

　本書は，子ども支援専門職―教職員，保育士，児童館職員，学童指導員，児童福祉施設職員，子ども・子育て支援にかかわるNPO／NGOスタッフ，医療関係者，司法関係者，スクールソーシャルワーカー，プレイリーダー，ファシリテーターなど―や，専門職をめざしている学生／おとなを射程とした，子ども支援学研究の書である。

　子どもを取り巻く環境は，日々，窮屈さを増している。一見無駄と思われるようなこと，でも子どもにはとても大切なことが，奪われつつある。このような状況において，子どもの育ちを保障するには，子どもを取り巻く社会そのものを子ども支援型に変えていかなければならない。そのためには，従来の「子どもの専門家」の意見で，施策や事業を展開するだけでは十分ではない。なぜならば，子どもの考え・想いと「おとなのよかれ」には大きなギャップがあるからだ。

　新しい時代の子ども支援専門職とは，子どもの声・独自の視点を，社会化していくことができる人である。子どもの声・独自の視点は，子ども参加によって，おとな中心の社会に表出する。そこで，本書では，子ども支援学研究の基盤となる，子ども参加支援を取り上げる。理論・実践・制度という側面から，子ども参加支援を重層的に検討したい。

目　次

はじめに　1

第Ⅰ部　子ども参加支援の基礎理論

序章　子ども参加支援研究の目的と構成 ── 8

第1節　本研究の目的 …………………………………… 8
　(1)　子ども参加支援研究の意義　8
　(2)　子ども参加に関する先行研究の到達点　11

第2節　支援学の射程 …………………………………… 18
　(1)　管理から支援へ　18
　(2)　「ゆらぎ」と支援　20
　(3)　支援に関する子どもの権利論的検討　21
　(4)　支援と指導の教育学的検討　24

第3節　子ども参加支援者の専門性をてがかりに ……… 26
　(1)　支援者に求められる専門性と力量形成　26
　(2)　支援者と現場の力　29
　(3)　理論・実践・制度の乖離　31

第4節　本研究の構成 …………………………………… 32
　(1)　理論的課題　32
　(2)　実践的課題　33
　(3)　制度的課題　34

第1章　子ども参加支援の根源的課題 ── 36

第1節　生きることを支える …………………………… 36

第2節　赤ちゃん観の変容 ……………………………… 38
　(1)　赤ちゃん観の教育学的考察　38
　(2)　諸科学の進展と「力のある存在」としての赤ちゃん観の確立　41

第3節　赤ちゃんの権利保障の展開 …………………… 43
　(1)　子どもの権利条約下における「保護の客体」としての赤ちゃん観　43
　(2)　一般的討議（2004）をめぐる議論　44
　(3)　一般的意見第7号（2005）と「権利の保有者」としての赤ちゃん観　45

第4節　乳幼児期の参加の権利が提示する課題 ………………………… 46
　⑴　子ども参加の現代的意義としての「赤ちゃんの参加」　46
　⑵　子ども参加支援の課題　48

第2章　子ども参加支援理論の国際的展開と課題 ── 51

第1節　子ども参加支援モデルの登場 ………………………………… 51
　⑴　ハート「参加のはしご」の意義　51
　⑵　「参加のはしご」再考　53
第2節　子ども参加支援実践論の展開 ………………………………… 54
　⑴　ジョン「参加の橋づくり」　54
　⑵　フランクリン「参加の11段階」　56
　⑶　ホールダーソン「参加の輪」　59
第3節　子ども参加支援論の課題 ……………………………………… 61
　⑴　「非参加」と支援の意義　61
　⑵　ドリスケル「子ども参加の諸側面」とエンパワーメント　63

第3章　子ども参加支援者論 ── 67

第1節　子どものエンパワーメント論の展開 ………………………… 67
　⑴　エンパワーメント概念の生成　67
　⑵　子どもの権利論としてのエンパワーメント　70
　⑶　子どものエンパワーメントの定義　72
　⑷　エンパワーメントを支援するおとなの役割　74
第2節　ファシリテーター論形成過程の分析 ………………………… 76
　⑴　ファシリテーター論の形成　76
　⑵　子ども参加ファシリテーターの固有性　80
第3節　教師と子ども参加ファシリテーター ………………………… 83
　⑴　教師と子ども参加ファシリテーター　83
　⑵　教師の指導とファシリテーターによる支援の共通性　87
第4節　子ども参加支援者に求められる専門性 ……………………… 85
　⑴　子ども参加支援実践における実践知の意義　85
　⑵　子ども参加支援実践における省察的実践の意義　87
　⑶　子ども参加支援実践における参照枠　89

第Ⅱ部　子ども参加支援実践の省察的検討

第4章　子ども参加支援実践論 ―――――――――――――― 94
第1節　子ども参加支援実践の事例 ・・・・・・・・・・・・・・・・・・・・・・・・・・・ 94
(1) 子ども参加支援研究の到達点と課題　94
(2) NGO：子ども通信社 VOICE　98
(3) 学校：北海道中川郡幕別町立札内北小学校　103
(4) 自治体：埼玉県鶴ヶ島市子どもフリートーク　107

第2節　実践知としての「待つこと」 ・・・・・・・・・・・・・・・・・・・・・・・ 110
(1) 責任を子どもに返す　110
(2) 「失敗」をチャンスに変える　113
(3) 待つということ　116

第3節　実践知としての「聴くこと」 ・・・・・・・・・・・・・・・・・・・・・・・ 119
(1) 「理想の子ども像」を疑う　119
(2) 「おとなのあるべき姿」を超えて　120
(3) 聴くということ　122

第4節　対話すること ・・・・・・・・・・・・・・・・・・・・・・・・・・・・・・・・・・・・・・ 125
(1) 対等な関係性の構築とおとなの意見　125
(2) 聴くことと待つことから生まれる対話　127
(3) 子どもの権利の学びとその意識化　129

第5節　省察的参加実践と子ども ・・・・・・・・・・・・・・・・・・・・・・・・・・・ 130
(1) エンパワーメントと学び　131
(2) 探究の主体としての子ども　133
(3) 省察的実践と子ども参加の深まり　135
(4) 子ども自身の省察と実践知の共有のありよう　137

第6節　実践の省察とその課題 ・・・・・・・・・・・・・・・・・・・・・・・・・・・・・ 142
(1) 暗黙知から実践知へ　142
(2) 支援の実践知から支援システムへ　144

第7節　制度を支える実践，実践を支える制度 ・・・・・・・・・・・・・ 146
(1) 自治体と市民との協働 ―― 子ども参加支援者の専門性の視点から　146
(2) 実践を支える制度構築 ―― 課題設定主体は誰か　149

終章　子ども参加支援論研究の到達点と課題
——子ども支援学の構築を目指して ——————— 154
第1節　各章の総括 ………………………………………… 154
第2節　子ども支援学の黎明 ……………………………… 156
　(1)　教育と福祉の権利の統一的保障　156
　(2)　教育福祉論から子ども支援学へ　158
　(3)　子ども支援学の基盤としての子ども参加支援論　159
第3節　子ども支援学の構築と子ども参加支援研究の意義 ………… 161
　(1)　基本的な権利としての子ども期　161
　(2)　「弱さ」からの支え　163
　(3)　新しい専門家像が拓く子どもとおとなのパートナーシップ　166
第4節　子ども支援学の展開へ向けて ……………………………… 168
　(1)　子ども参加支援研究の課題　168
　(2)　子ども支援学研究の課題　172

おわりに　177

文献一覧　179

索　引　191

第Ⅰ部

子ども参加支援の基礎理論

序章　子ども参加支援研究の目的と構成

第1節　本研究の目的

(1) 子ども参加支援研究の意義

　本研究の目的は，子ども参加支援理論の構造を分析し，実践を支える支援者の専門性とその役割を明らかにすることを通して，実践から生み出される制度改革の可能性を提示し，子ども参加支援研究を理論・実践・制度の面から重層的に検討することで子ども支援学の構築を試みることである。

　子ども参加支援研究に入る前に，明確にしておかねばならないのは，子どもの権利としての参加概念である。子どもの権利としての参加は，一般的な参加とどう区別できるのか。そして，子どもの権利としての参加というとき，なぜ，支援が論点となるのか，である。

　1989年，子どもの権利条約は，国連総会で全会一致で採択された。2017年3月現在，締約国は196に及び，子どもの権利に関する国際的な法的枠組みを確立したといえる。子どもの権利条約においては，子どもは権利の全面的主体 (a full subject of rights)[1]であり，生存・発達・保護・参加のすべての権利を行使することができる。子どもの権利条約第2条（差別の禁止），第3条（子どもの最善の利益），第6条（生命，生存および発達），第12条（子どもの意見の尊重）は，一般原則として位置づけられ，条約のすべての規定の実施にあたって原則とすべきものとされている。なかでも，子どもの最善の利益を保障するにあたっては，第12条をはじめとする子どもの参加の権利保障の観点がそれと不可分である。

子ども参加の支援というとき，子どもはあたかも「支援されなければ参加できない存在なのか」という印象をもたれるかもしれない。はたして，子ども参加実践において，おとなによる支援の意義はどう捉えることができるであろうか。

　権利としての参加とは，喜多明人によれば「決定権への参加」であり，「おとなと子どもとの共同決定，共同行動，共同責任（＝パートナーシップ）を追求していくこと」である（喜多，1993：75-76）。田代高章は，喜多の定義に子どものエンパワーメントという視点を織り込み，子どもの権利としての参加は，「子どもたちの意見表明を通じながら，子どもたちの学習や生活に関わる事柄について，教師や保護者や周りの大人たちとともに，共同して協議し，決定し，実行していくという，子どもの生成発達の論理に支えられた，関係変革のための概念」（田代，2002：11）であるとした。

　子どもの自己決定をめぐっては，医療，福祉，家族，教育，少年司法などさまざまな場面で議論が展開されている。子どもを保護や規制の対象とだけ見て，規範を押し付ける動きがあるなか，自己決定を，その内実を問おうともせずに，危険なものとして頭から否定したり，自己責任を強調するむきもある。一方で，国連子どもの権利委員会においては，自己決定という概念を直接には用いていないものの，条約第1条の子どもの定義に関わる年齢設定という形で子どもの自己決定の重要性を認識しようと試みている（荒牧，2003：26）。

　条約第12条と自己決定について喜多は，「手続的権利性」を有することを共通認識としつつ，制定趣旨を踏まえた意見表明・参加の権利の現代的解釈として「自己決定的権利」，「自己決定権の準備的権利」解釈などが展開されたとする。しかしながら，それらは机上の議論になるきらいがあり，子どもの現実生活に寄り添った「子どもが活用できる権利」性を加味した解釈が求められている，と指摘した（喜多，2003：61）。

　確かに，十分な判断能力を有しない子どもに自己決定権を認めるか否かという議論は存在するが，教育学的に重要なのは，「子どもの潜在的な自己決定の能力をいかに引き出し，発展・促進するかをおとな（教師）が具体的に援助・

指導していくこと」であると田代は指摘する。子どもは権利享有主体であり，権利行使主体ではあるものの，「教育上のあらゆる場面で，ひいては自ら生活し生きるあらゆる場面で，現実に参加し，権利を行使しうるようになるためのおとな（教師・親）の適切な指導」がなければ，「子どもたちは自らにとって意味ある権利行使をなしえるようにはならない」（田代，1996：26）からである。そして，自己決定について，「自己決定とは，個人的事柄，人間的関係および信念を，自分の洞察，判断に基づいて決断できる能力」であり「「自己決定」は主観主義的に，つまり個人的なわがままの正当化としては理解されてはならず，むしろ同胞や文化・社会・政治との責任ある関係という観点から理解されるべき」であるというクラフキ（W. Klafki）の言葉を引き，「単なる利己的な個人の意思決定の結果ではなく，他者との関係，すなわち共同決定とのかかわりを通して形成されるという性質を本質的に有する教育目標概念」（田代，1996：30）であるとした。

このことから，自己決定は個人内部で静かになされ閉じられたものとしてそこに存在するのではなく，他者とのさまざまな関係性の中における「かかわり」として表出し，変化し，共同決定へとつながるものといえる。このことをもって，権利としての参加は参加活動一般とは区別され，「"権利として"の参加とは，権利の本質としての人間的意思，要求の反映という意味合いが含まれた参加であり，参加していく対象としての社会的行為，事業，制度等の中でなされる意思決定のシステムに関与する行為」であり，必ずしも参加が進んでいるとはいえない日本の状況を鑑みれば「決定の共有」を含む広い概念づけが必要である（喜多，2004a：9）。

子どもの権利行使主体としての参加が，自己決定とそこから紡ぎだされる共同決定を指向するならば，権利としての子ども参加は社会との関わり，あるいは社会変革とつながることになる。

セルビー（D. Selby）はグローバル教育の視点から，子ども参加の形態として，その参加がコンフォーマティブなものであるか，トランスフォーマティブなものであるかという論点を挙げている。前者は「政治的に中立で現状維持的」で

あり「学校や地域の現状をいかなる意味でも批判しない」参加形態である。これに対して，後者は「ある程度批判的な要素が含まれていたり，社会の変革を呼びかける」参加形態であり，現在学校で行われている生徒参加はほとんどがコンフォーマティブなものであると述べている（セルビー，1995：10）。

　権利としての子ども参加は，言い換えればトランスフォーマティブな参加であり，子どもの直面する現実とそこに在る課題が参加を通して社会変革へとつながる可能性を内包する。たとえば，権利を侵害された状況にある子どもたちが，社会に参加することを通して現状を変えていくことである。

　ここに，権利としての子ども参加を支援する意義を見出せる。

　ひとつには，権利としての子ども参加が，自己決定とそこから育まれる共同決定を土台としていることである。田代の指摘するように，自己決定主体への成長を支え，他者との共同決定を促す存在が必要なのである。また，喜多の指摘するように参加意欲の低い日本の現状をかんがみると，「まずは，参加制度を活用できる"参加主体の形成"に重点」（喜多，2004a：9）を置かなければならず，そのための支援に着目せねばならないといえよう。

　次に，権利としての子ども参加が社会変革を指向することである。子どもは，権利とは何であるかを知らず，権利侵害がどのようなものであるかわからないことが多い。そのため，変革すべき現状があるにもかかわらず，気づかないまま過ごしてしまうことが起こりうる。また，権利侵害に気づき，現状を変えたいと思ってもその方法がわからずに進めない場合もある。このような子どもの固有性を考えると，子どもたちの直面する現実から，課題を掘り起こし，社会変革へつなげていく営み―子ども参加支援研究が必要となるのである。

(2) 子ども参加に関する先行研究の到達点

　日本における権利としての子ども参加研究は，教育法学における生徒参加・学校参加，教育方法としての生徒参加，社会教育における青少年・子ども参加の流れを汲むものが挙げられる。

　教育法学における権利としての生徒参加・学校参加研究は主として欧米にお

ける教育参加法制研究を中心として展開されてきた。

　坪井由美によると，アメリカでは 1960 年代半ば以降の公民権運動やティンカー事件判決 (Tinker v. Des Moines Independent Community School District, 393 U.S. 503, 1969) に代表される社会的情勢を背景に，1970 年代以降各州教育法により学区教育委員会への高校生の参加が制度化されてきた。1980 年代以降は，教育政策決定権限を学校レベルに分権化し教職員，父母住民，生徒の参加を強化する流れのなか，1988 年には，イリノイ州議会が「シカゴ学校改革法」を制定し，学校運営への生徒参加も拡大してきた（坪井，1992：119-124）。

　小野田正利は，フランスでは 1968 年の「5 月危機」における民主化運動によって，中学校・高等学校における管理・運営に生徒代表が参加することが法制化されたという。1990 年 8 月の子どもの権利条約批准，同年秋に多発した校内暴力事件とそれに端を発した高校生によるデモを経て，1992 年 2 月 7 日の政令によって国の教育行政の最高諮問機関である教育高等評議会 CSE の評議員 95 名のうち 3 名が高校生代表となるなど，国レベルでの生徒参加の法制化も進んでいる（小野田，1992：68-69）。

　ドイツにおいては，1950 年代後半から出された「管理されすぎた学校」批判に対し，その対応策として 1960 年代に教員の「教育の自由」が法制上確立され，1970 年代には「学校の民主化」として生徒参加・父母参加が実現されていった，と柳澤良明は指摘する（柳澤，1991：88）。これに関連して喜多は，1977 年のノルトライン・ヴェストファーレン州「学校制度における参加に関する法律」では，学校参加のレベルとして「決定権」，「関与権」，「情報権」を設定した点に学ぶべきであると述べている（喜多，1993：78）。

　日本における子どもの参加の権利保障を考えた場合，欧米で展開されてきた参加の法制論だけでは十分とはいえないという指摘もある。兼子は，「学校教育への父母・生徒参加は本来，関係者の権利・法意識と自主的行動力によって支えられてこそ，本格的な実績をしめしうることがらであることにかんがみれば，父母・生徒参加を国の画一的・政策的立法によって制度化するようなことは，のぞましくないのではなかろうか」として，「各学校における内規や運用

慣行づくりを通して、父母・生徒参加を「学校慣習法」によって確立していくことが基本である」と述べている（兼子，1993：44-45）。

とはいえ，日本の教育状況にあっては，「子ども・生徒の参加行動が自然発生的に生じ，発展することを「慣習法」レベルで期待するだけでよいのか」との疑問がわきあがる。そのため喜多は「子どもの社会参加や権利行使を可能にし，促進する環境づくりとしての"子どもの参加・権利行使援助法制論"の立論が必要であり，そのような意味における法制論的な見直しが急務」であるとして，①「子どもオンブズマン」のような子どもの権利行使にともなう「危機負担」への支援システムの確立，②参加に欠かせない教育情報の公開，を例に挙げた（喜多，1993：79）。喜多の研究は，日本において子どもの参加の権利を保障していくにあたり，子どもの参加の支援論という視点から法制論を立論していくことの必要性を指摘したことに意義がある。

「自治」概念の歴史的検討を通して，「生徒自治」と「生徒参加」の関係に着目し，子どもの権利行使にあたっての教師の指導の重要性について論じたのは藤田昌士である。

藤田によれば，近代日本の学校教育における「自治」概念の歴史は，明治20年代までさかのぼることができるという。能勢栄著『学校管理術』(1890)の中で「生徒ニ属スル躾方ノ方法」として「秩序」，「勉強」，「従順」，「清潔」とともに「自治」が挙げられたのが最初であり，ここでは「自治ノ心トハ自分デ自分ノ身ヲ取締リスル心ノ力ト云フ意味ナリ」(149頁)と説明されている（藤田，1999b：1）。戦前の小学校においては，たとえば1919年以降千葉県師範学校附属小学校において手塚岸衛らが「自治訓練」論を，昭和初期には池袋児童の村小学校において野村芳兵衛が「生活訓練」論における「自治」を展開している（藤田，1999b：3-4）。

戦後初期には，文部省が新しい公民教育の方法を「自治」ないし「自治的訓練」という言葉で表していた（藤田，1999b：5-6）。1949年2月の文部省教育局編『新しい中学校の手引き』では，生徒会の項目において「生徒一人々々が自己の権利と義務に従つて行動するということが，自治の第一原則である。この

意味において，生徒の自治とは，学校活動への生徒の参加ということである」と述べられており，「この段階において「生徒の自治」と「生徒の参加」とは等号で結ばれていたといえる」(藤田，1999b：6)。

その後，「生徒自治」との対立関係において「生徒参加」がいわれる段階が登場すると藤田は指摘している（藤田，1999b：6)。たとえば，文部省初等中等教育局編『中学校・高等学校管理の手引き』(1950年3月) では「(1) 各中学校・高等学校の管理には，はっきり限定された範囲内での生徒の参加があるべきである」(184頁) といった記述があるが，このような学校管理への生徒の参加を要約すると，以下の4つの特徴があると藤田は述べる。それは，①「その生徒参加は「教育方法としての参加」として特徴づけられる。すなわち，学校管理の終局的な権限はあくまでも校長にあるとしながら，「民主的公民」となるべき生徒の自主自立性を育成する方法として，校長のもつ権限の慎重かつ限定的な委任にもとづく生徒参加が導入される」，②「したがって，その生徒参加は，生徒の決定に対する校長の拒否権（後に文部省が『わたくしたちの生徒会』〔1952年〕のなかで例示した高等学校生徒会会則によれば「保留権」）のもとにおかれている。」，③「生徒自治」ということばは，あたかも生徒に教師や校長の放免をも含めたすべての校務を支配する権利があるかのような誤解を与えるものとして退けられる」，④「その生徒参加の領域は，ときに「時間表作成，教科課程編成」（『新制中学教育ノート第一集』）や教室における「学習の計画（文部省学校教育局『新制高等学校教科課程の解説』1949年4月) を例示として含みながらも，主として「特別教育活動」の計画と運営にあたったといえる」の4つである（藤田，1999b：7)。

これについて藤田は「文部省が「生徒自治」という戦前以来の用語を退け，「生徒参加」という用語に置き換えたのは，アメリカの教育理論の強い影響下に置かれた当時の日本の教育課程行政の特質を示すものであろう」と述べて，当時のアメリカの学校管理論の影響を指摘している（藤田，1999b：8)。

藤田によると，「「参加」に置き換えられた「自治」という言葉を，文部省は1958（昭和33）年版の小・中学校学習指導要領以降，再び用い始め」ている。

1958年改訂の『小学校学習指導要領』,『中学校学習指導要領』では特別教育活動の目標として自治的な活動に触れているが，従来の「教育方法としての生徒参加」の考え方が踏襲され，生徒には最終的な決定権はない[2]（藤田, 1999b：9）。

　これらに対して，藤田は「権利としての生徒自治」,「権利としての生徒参加」という概念に着目している。「権利としての自治」とは，「子ども（生徒）集団による自主的な意思形成とそれにもとづく自己統制を彼らの当然の権利として承認するものにほかならず，あるいは国連・子どもの権利条約が「表現の自由」「思想・良心・宗教の自由」等々の名において保障する子どもの自己決定権の集団的行使を意味するものということもできる」と述べている。これに対し，「権利としての参加」とは，「同じく国連・子どもの権利条約にいう「意見表明権」の制度的保障を意味する。その「意見表明権」を集団的に行使しつつ，子どもが学校であれ，地域社会であれ，そこでの意思決定の過程に主体的に参加していくことが「子どもの最善の利益」（国連・子どもの権利条約）にかかわって重要なのである」と述べている。その上で「学校に即しては，子ども集団の自治・参加が教職員集団，父母集団それぞれの自治・参加と結び合いながら，全体としての学校自治を構成していくことが，同じく「子どもの最善の利益」にかかわって重要」であると指摘している（藤田, 1999b：13）。

　以上を踏まえて藤田は，自治と参加は，「教師，一般に大人の指導（援助）を排除するものではない」のであり，むしろ「権利行使とその質的向上にかかわって，子どもと教師（大人）との信頼関係を基礎に，言葉の正しい意味での指導（援助）を求める」と述べて，「「自治」と「参加」の名による子どもの権利行使と教師（大人）による指導との結びつきを具体的に明らかにする」ことが，教育実践研究の重要な課題のひとつであると指摘している（藤田, 1999b：13）。

　他方，政治学，社会心理学，社会病理学，実存主義の4つの系譜から参加の概念を位置づけ，青少年と政策当局における「青少年の社会参加のダイナミクス」の構図を導き出し，それを社会学的に理論づけようとした（増山, 1996：75）のは，松原治郎である。松原は，参加について「組織・社会の側から見れ

ば,「くみこむ」ことであるが,人の側から見れば,「参加」ということになる」と指摘し,「組織や社会は,人々の真の参加をまってはじめて,有意義に運営され,創造されてゆく」と主張している(松原,1977：3)。

松原によれば,発達課題をもった青少年を想定するとき,「参加する」ことには,「主体的な参加」としての「意思決定(decision making)」,「コミット(commit)」がある一方で,「参従的な参加」として「所属(partake)」,「加入(join)」,「関係・関与(refer)」がある。また,実存主義的観点からは,参加の内容的側面である「アンガジェ(engager)」(自己実現・自己確認)にこそ注目すべきであるとした。その上で,松原は,「参加する」の従来の意味がもっぱら,「参従的な参加」であったのに対し,これからはこの用語を「主体的な意味合いの強いものにとくに焦点を当てて用いようと考えている」と述べている(松原,1977：17)。そして,欧米諸国と日本における青少年の社会参加の歴史と現状を踏まえて,青少年の社会参加に向けて,①参加の諸形態[3],②社会参加の単位[4],③社会参加の意味内容,④青少年にとっての社会参加の意義[5],⑤青少年の社会参加を育てるもの[6],⑥社会参加を促す方策[7],についての提言を行ったのである(松原,1977：104-108)。

松原は,このうちとくに,③社会参加の意味内容に関連づけて参加の概念を検討しなおし,① membership 集団や組織に加わること(to be),②所属集団に主観的に帰属意識を持つこと reference (to get),③集団の中で自分の立場を確認し進んで役割遂行すること participation (to do, to make),④集団の一員として広く社会場面に関わっていくこと commitment (to take part)を挙げている。その後さらに,⑤ service 自発的に奉仕の精神によって社会に行動参加すること(to serve)を加えて5項目とした(松原,1978：187-189)。

のちに松原らの基礎研究は,1979年に青少年問題審議会から出された意見具申『青少年と社会参加』の土台となった。これに対して田中治彦は「現在の社会体制が,青年が積極的に参加してくるような魅力的な社会であるのか,という自己反省が全く見られ」ず,「社会改革的な参加活動は全く取り上げられていない」と批判し(田中,1988：134),増山均は松原らの基礎研究の意義は

「参加によって奉仕に導くこと」ではなしに「参加への主体的かかわりが青少年の人格形成にとって重要な意義をもつ」という点にあったのであり，この視点こそ「子どもの社会参加研究にとってひきつがれるべき最も大切なポイント」であると述べている（増山, 1996：76-77）[8]。

　増山は，権利としての子どもの社会参加に関して子どもたち（集団）の営み，すなわち「結社・集会の自由」に着目した。権利としての子どもの社会参加は，子どもの権利条約第15条に定められている「子どもの「結社・集会の自由の権利」が承認されて，子どもたちの自治に基づく発言力と実行力が発揮されてこそ本物になる」のであり，「子ども社会を活気づける子ども集団・組織が，自主的・自治的活動を豊かに展開していること」がその基盤である。そして，「子どもの自治はおとなの自治と深い相互関係にあり，両者はそれぞれを不可欠の構成要素とし，それぞれの質的内実は相互に還流しあう」として，権利としての子ども参加の成立要件に，おとな側の自治が不可欠であること，そして地域社会に根づいたものであることを指摘した。加えて「おとなたちの権利意識と自治意識に基づく地域の連帯があってこそ，子どもたちの社会参加を教育的に組織しうる」としておとなから子どもへの関わりをも示唆した（増山, 1996：80）。その上で，権利としての子どもの社会参加の領域を，①文化的参加，②学校参加・施設運営参加，③経済的参加，④行政的参加とした。

　参加を，活動過程への参加と意思決定への参加とに分類するむきもある。新谷は，1970〜80年代には前者が強調され，1994年の子どもの権利条約批准以降は後者が主張され，「どちらを強調するか」は「実践ごと」に異なるものの，前者が「社会参加」と呼ばれ，後者が「権利としての参加」「参画」と呼ばれることが多いと指摘している（新谷, 2002：42）。

　喜多によれば，権利としての参加は，「子ども自身にかかわる問題について何が最善か，の決定プロセスに子どもの意思を加えること」すなわち「決定権への参加」であり，「子どもの意思を現代社会を構成する市民の意思」として「対等に位置づけ，「共同決定」「共同責任」を担う形態（子どもとおとなのパートナーシップ）にまで高めていくことが求められている」のである（喜多,

1993：75-76)。

　以上に述べてきた権利としての子ども参加研究を踏まえて喜多は,「子どもの参加・権利行使援助法制論」(喜多, 1993：79) の必要性に触れ, 以下の5つの制度原理を立法化していく必要があると主張する。それは, ①参加情報へのアクセス, ②子ども自治権・子ども代表性, ③共同決定制, ④おとな側の誠実な対応 (パートナーシップの維持) と事後報告責任, ⑤子どもの主体的な参加権行使の支援システム, である (喜多, 1998：141-145)。しかし, 子どもの権利としての参加の支援論は, 法的枠組みを考えるだけでは, まだ不十分である。

　1993年以降, 喜多や木下勇によってハート (R. Hart) の「参加のはしご」が紹介され, 1994年の子どもの権利条約の批准を契機に, 日本各地で, 子ども参加実践が展開され始めた[9]。1998年には第1回目の日本の子どもの権利条約の締約国報告書の審査が実施され, 事前の検証作業, 事後のフォローアップを通して, 子ども参加においても総合的な支援が必要であるという視点が明確化してきた[10]。

　このように, 権利としての子どもの参加とその支援理論の研究領域は, ①子ども参加および支援の基礎理論 (参加概念, 意義・目的, 支援の必要性, 役割などを扱う), ②子ども参加支援の実践論, ③子ども参加支援の制度 (条件整備) 論の多岐にわたって設定できると考えられる。とくに, 権利としての子ども参加とその支援理論の研究は, 実践的場面において具体的に検討していく時期であるといえる。

第2節　支援学の射程

(1) 管理から支援へ

　支援学の先行研究としては支援基礎論研究会によるものがある。支援基礎論研究会は1993年に発足し, 管理学に対置する形で支援学を提起した。支援基礎理論研究会では, 理工学・経営学・福祉・企業組織論・教育学・軍事など多様な角度から支援関係を論じているが, グローバルな時代の共生原理をつくり

あげていくためには，いずれの分野においても管理から支援へのパラダイム転換が不可欠であると指摘する（今田，2000：233）。

　今田高俊によると，1980年代以降住民サイドから支援活動に対する自発的な取り組みがなされるようになり，支援型の社会システムへの胎動が見られるようになった。1990年代に入ると，ボランティア活動やNPO・NGOによる活動が高まったが，これは市民自身の自発的な意志によって「管理ではなく支援を」行おうとするものであった。一方，阪神淡路大震災の起きた1995年はボランティア元年とも称されるが，全国から集まった支援者による混乱は，管理型社会から支援型社会への転換を進める上で，理論整備が急務であることを物語っていたといえる。そのため，(1)支援とは何か，(2)支援はいかにあるべきか，(3)そのノウハウはどのようなものか等が整備すべき論点として挙げられた。そして今田は，「国民を管理する法律も六法全書をはじめとして，判例も数多く蓄積されている。しかし……支援についての考えや枠組みを体系的に整備した書物や事例・ノウハウ集はない」と指摘する（今田，2000：11）。

　支援とは英語のサポート（support）の日本語訳である。類語に援助（aid），手助け（help），補助（assist）といった言葉があり，支援に関連する言葉は日常的に多用されている。今田は，支援を以下のように定義した。

　　「支援とは，何らかの意図を持った他者の行為に対する働きかけであり，その意図を理解しつつ，行為の質を維持・改善する一連のアクションのことをいい，最終的に他者のエンパワーメントをはかる（ことがらをなす力をつける）ことである。」（今田，2000：11）

　そこで，支援の構成要素を「他者への働きかけ」，「他者の意図の理解」，「行為の質の維持・改善」，「エンパワーメント」とした。

　支援学に関して，今田は重要な3つの指摘を行った。第1は，「被支援者がどういう状況に置かれており，支援行為がどう受け止められているかを常にフィードバックして，被支援者の意図に沿うように自分の行為を変える」ことができない支援は「本当の意味で支援ではない」ということである。支援は決して支援者のひとりよがりで行われるものではなく，あくまで被支援者のエン

パワーメントを目的とした行為であり，その行為の絶え間ない省察によって成立するものである。

第2は，支援の成立には，支援行為がバラバラになされるのではなく，まとまりをもったシステムの形成がなければならないことである。

「支援システムとは，支援を可能にする相互に関係づけられた資源とこれらを活用するためのモデル（ノウハウ）の集合からなるシステムであり，支援状況の変化に応じて絶えず自分で自分を変えていく自己組織システムである。」（今田，2000：12）

自己組織システムとは，状況に応じて柔軟に変化できるシステムである。これに対して管理システムは「状況に応じて相対的に安定した，それゆえ規則やおきまりのルーティンが優先」するものであり，「他者の置かれた状況や意図についての意味解釈とリフレクションに欠けがち」である。

第3は，支援システムには省察（reflection）が欠かせないという指摘である。支援行為は「あくまで被支援者の置かれている状況が焦点となるため，常に他者（被支援者）を配慮して自らの行為を再組織していく」必要があり，このためには自己の目標達成のための「フィードバック制御」ではなく，省察に基づいた支援行為の再構築が求められる。

今田の提示した論点は，支援に関する理論・実践・制度が重層的に検討されなければならないことを示している。そのためには，支援はある決まった形が同じ状態で続くのではなく，「支援状況の変化に応じて絶えず自分で自分を変えていく」ことが求められる。言い換えれば，支援が成立するためのシステムは，常に「ゆらぎ」が発生している不均衡状態にあるのである。

(2)「ゆらぎ」と支援

支援が成立するためのシステムに常に発生している「ゆらぎ」とはいったいどのようなものか。そこで，次に支援と「ゆらぎ」について検討する。

尾崎新は，社会福祉援助技術論の視点から，「ゆらぎ」を検討した。「ゆらぎ」とは，「社会福祉実践の中で援助者，クライエント，家族などが経験する

動揺，葛藤，不安，わからなさ，不全感，挫折感などの総称」である。「ゆらぎ」は「一般に物事，システム，感情などが振幅をもって動くこと，あるいは基盤などが危うくなる事態」を意味し「動揺，葛藤，迷いと同義」であり「不安，不全感」を意味するという。一方で社会福祉関連領域の先行研究からは，「ゆらぎ」の別の側面が見て取れる。それは，「ゆらぎ」を単に「動揺・混乱・危機」状態と捉えるのではなく，同時に「変化・成長・再生」の契機でもある，と捉えることで見えてくる側面である。

そこで尾崎は，「ゆらぎ」を排除すべきものとして捉えるのではなく，専門性や技術を高めることのできる社会福祉実践の原点として次のように位置づけた。すなわち「ゆらぎ」とは，①システムや判断，感情が動揺し，葛藤する状態，②混乱，危機状態，③多面的な見方，複層的な視野，新たな発見，システムや人の変化・成長を導く契機，である（尾崎，1999：19）。

このように，援助は多様性と曖昧さを含有しているからこそ，援助者には「ゆらぎ」が必要であるともいえよう。子ども参加支援実践においても，支援者は動的なつながりの中にある。先に今田は，管理とは異なって支援には「ノウハウ集がない」という不備を指摘したが，子ども参加支援実践は，目の前の子どもとおとなのダイナミックなつながりの中において，そのときどきに展開されてゆくものであるためにマニュアル化できない要素を多々含んでいる。

だが，マニュアル化できないからといって，子ども参加支援実践が行き当たりばったりで，その場しのぎの支えであっていいということにはならない。そこでもう一度，子どもの権利論における「支援」という言葉に立ち返りたい。

(3) 支援に関する子どもの権利論的検討

子どもの権利論では，支援はどのように考えうるのであろうか。子どもの権利条約においては，子どもの権利行使に際してのおとなの関わりに関し「指導（guidance）」の語を用いている。そこで，まず，子どもの権利条約に見る「指導（guidance）」の概念を掴んでおく。

子どもの権利は，子どもが固有の権利主体であるにもかかわらず，その権利

行使の如何が，おとなによって左右されるという特徴がある。言い換えれば，子どもが権利を行使できるかどうかは，周囲のおとなとの関係性あるいはおとなの働きかけにかかっているのである。これに関連して喜多は，国際人権規約や日本国憲法を子どもへそのままストレートに適用するのではなく，子どもの意思表明や精神的自由，行動の自由を子どもの権利条約がとりあげた積極的な意味を考える必要があるとして，条約第5条の重要性を指摘した（喜多, 1990：34）。

第5条では〈親の指導の尊重〉を以下のように規定している。

> 第5条　締約国は，親，または適当な場合には，地方的慣習で定められている拡大家族もしくは共同体の構成員，法定保護者もしくは子どもに法的責任を負う他の者が，この条約において認められる権利を子どもが行使するにあたって，子どもの能力の発達と一致する方法で適当な指示（direction）および<u>指導（guidance）</u>を行う責任，権利および義務を尊重する（下線は引用者による）。

第5条に定められた親等による指示・指導は，子どもの権利条約に定められた権利を，子どもが行使するという前提に立っている。つまり，子ども自身が権利行使の主体であることを認めたものであり，子どもが権利を行使するための適当な指示・指導について定めたものである（Hodgkin and Newell, 1998: 78-81）。さらに喜多は，「このように子どもの意見表明権や市民的自由の行使にさいしては，親・保護者その他の子どもに法的責任を負う者の指導権がともなってはじめて完結する，とみるのが条約の正しい読み方であろう。だとするならば，子どもの権利行使に対する指導者の教育責任は大へん重たいものとなる」として，子どもを指導するためにはそれにふさわしい指導の力量とそのための教育条件および教育の自由が確保されなければならないと論じた（喜多, 1990：34）。

第5条でいう指示・指導は，子どもの能力の発達と一致する方法で行われ，「適当な」ものでなければならない。この点について喜多は，(1)体罰は「適当な」指示・指導にはあたらない。(2)子どもの意見の尊重の原則（第12条）を

踏まえたものでなければならない。(3) 子どもの最善の利益（第3条1項・第18条1項）や発達への権利（第6条2項）を踏まえたものでなければならない。(4) 条約が掲げる教育の目的（第29条1項）と合致したものでなければならない，と述べている（喜多，2000：65）。

　生活指導を子どもの権利の視点から論じた藤田は，第5条では教師の指導のあり方に直接触れられているわけではないものの，条約第3条1項の子どもの最善の利益に関わる規定を引きながら，第5条の内容は教師の指導を考える上でも依拠すべき準則を示すものであると指摘した。その上で，教師の指導もまた「①子どもの最善の利益をめざし，②子どもがこの条約において認められる権利を行使するにあたって，③その子どもの発達しつつある能力に適合する方法で行われなければならない」として，生活指導さらには教育実践一般に「子どもを単に管理の対象，操作の対象としてしかみなさない見方から，子どもを市民的自由をはじめとする人権，そして子ども固有の権利の行使主体とみる子ども観への転換」を求めた（藤田，2008：29-33）。

　そもそも，生活指導における「指導」が英語ではguidanceと訳されるように，ガイダンス概念には権利行使主体としての子ども観が内包されていたといってよい。宮坂は，アメリカ教育文献による戦後初期のガイダンス研究において，「ガイダンスそのものの本質的なねらいは，あくまでも個人指導にあり，それぞれ独自な存在である個々人の生徒がそれぞれに自己指導能力を獲得していけるように指導助力を与えることにある……生徒たち一人ひとりの「主体への呼びかけ」なしに，ガイダンスは行われえない」（宮坂，1951：203-204）として，ガイダンスという言葉が，助力を必要とする生徒個人の自主的な選択決定を要件として含んでいることを示している。

　ところで，第5条では，directionが「指示」，guidanceが「指導」と訳されているが，ここで，デューイ（J. Dewey, 1859-1952）が『民主主義と教育』(1916)の第3章において，「指導」(direction)，「統制」(control)，「補導」(guidance)という3つの言葉を用いたことにも注目したい。デューイによるとこれらの語のうち「補導」(guidance)は，「補導される人間の生まれつきの能力を共同作業

を通して助けるという観念をもっともよく表す。……指導は，より中間的な用語であって，指導されるものの活動的傾向が，当てどなく分散することなく，一定の連続的進路に導きこまれる，ということを暗示する。指導は基本的機能を表す語であって，その基本的機能は，一方の極端では補導的助力となり，他方の極端では規制または支配となる傾向がある」(Dewey, 1916=1975 : 46)。

こうしたデューイの見方からもうかがえるように，元来「指導」のもととなった guidance という言葉は，権利行使の主体としての子ども観に根ざしていたといってよい。それゆえ「指導」という語は，教育学においても，根源に立ち返ったその意味の捉えなおしを迫られているといえるだろう。

いま一度，第5条に立ち返るならば，「指導」とは，子どもの権利条約に定められた権利を，子どもが行使するという前提に立つものであった。これは，権利行使主体としての子ども観に立つものであり，子どもの側に意思決定のイニシアチブがあることを示している。つまり，権利行使における guidance は，実質的には被支援者である子どもの意図に沿うように指導者の行為を変える必要性を示しており，たとえ guidance が「指導」と訳されようとも実質的には「支援」を意味しているといえる。

(4) 支援と指導の教育学的検討

「支援」は，教育学的にはどのような意味の言葉と解すべきなのであろうか。

教育学の辞典において「支援」という言葉が見られるようになったのは比較的最近のことである。

『新版 学校教育辞典』(2003) には「支援 (support)」という項目がでている。支援とは，「教師の一方的な指導を避け，子どもの思いや願い，ものの考え方や発想を肯定的にとらえ，その方向で実現できるように援助してやることである。学習する子どもの自主性や主体性を促すものであり，小学校の生活科の指導などで多く見られてきた」と説明されている。そして「生きる力」の登場とともに，「学校における生徒指導をはじめ広く教科指導など，学校における全教育活動においても，教師の支援的な関わりを重視しているものと解釈でき

る」と述べる一方で,「最近では,支援と指導とを対立的にとらえる傾向が強く,教えることをすべて否定するような混乱が一部生じている」と指摘している。

　ここでは,支援とは「子どもの思いや願い,ものの考え方や発想」を教師が肯定的に捉えることから出発し,教師の望む方向ではなく子どもの望む方向で「実現できるように援助」することであるとしている。中心には,子どもの自主性や主体性があり,学校における全教育活動において教師の支援的な関わりの重要性を指摘するとともに,支援と指導が対立的に捉えられる傾向が強くなっていることを憂慮している。ここでは指導を「教えること」に力点を置いたものとして位置づけていることがわかる。

　一方,同じく『新版 学校教育辞典』では,「指導(guidance)」について「教科,教科外を問わずに,教育的な働きかけ一般を意味する。ある教育目標に向けて,適切な学習活動を組織し,目標に到達するまでの一連の働きかけの過程であり,その際の働きかける側の主導性を前提としている」と説明されている。そこで次に,「働きかける側」つまり教師の主導性に着目したい。

　教育学における支援と指導の違いは,教えるか,教えないかにあるのではない。支援の場においても,一方が他方に教えることは起こりうる。逆に,指導の場面であっても,教えないこともあるだろう。支援と指導は,学校現場であれば生徒と教師,家庭であれば子どもと親の,いずれが主となって力が作用しているかが両者の区分の分岐点となる。すなわち,生徒と教師の場合,力の不均衡を顧慮せずに教師が生徒に関わると一方的な働きかけになりがちであり,教師主導の指導に傾くことになる。一方,教師が生徒との力の不均衡を充分に顧慮している場合の生徒への関わり方は,支援に近づく。この意味で,子どもの権利論における「指導」は,こうした教育学的な支援の意味に限りなく近いといえよう。

　「支援」という言葉をめぐっては,「支援される側は何もできない,力のない存在である」という謬見も聞かれる。また,「支援なんておこがましい」,「子どもは支援されるだけで何もできないわけではない」ともいわれる。確かに,

子どもは権利のまぎれもない主体であり，世界に参加する存在として生まれてくる。一方で，子どもは，社会的な支援が必要な存在でもある。森田は，子どもが地域やおとなの力を借りながら自立して行くことに着目し，「保護者の養育力と子ども自身の力を足しただけでは，子ども自身に障がいや，保護者が仕事などで養育できない時間があったり，貧困や病気を患っていたりすると，自分の力だけでは子どもの成長は最低ラインに届かず，子どもの年齢に必要で十分な支援が受けられずに成長発達が損なわれる」と指摘している（森田，2008：193）。これは，子どもの成長発達の権利を保障するには，子どもが権利主体であることを認めつつも，社会全体で子どもを支援するまなざしが必要とされていることを意味している。

　上述したように，子ども支援においては，子どもと子どもを支援するおとなの間には，当初より明らかな力の不均衡が見られる。しかし，これは，おとなはおとなであるがゆえに力を有し，子どもは子どもであるというだけで力を奪われてきたことを正当化するものではない。だからこそ，支援者は，自らの力が持ちうる意味あいを充分に意識しながら，子どもに関わっていかねばならない。

　指導と支援との差異は，支援が，支援者自らの力の優位性の自覚を伴いつつ，被支援者をエンパワーするという点にあるだろう。そこで本研究では，支援者と被支援者の力の差が持ちうる意味あいへの教育的なまなざしをひとつの着眼点として，「指導」ではなく「支援」という言葉を用いることとする。

第3節　子ども参加支援者の専門性をてがかりに

(1) 支援者に求められる専門性と力量形成

　子どもの権利条約における子どもの「指導」とは，親等が，子どもが権利を行使することを支えるという意味あいであり，指導する側に主眼がおかれてはいるものの，あくまで子どもを権利の主体として位置づけるものであった。また，上述したように教育学においては指導とは異なって支援にあっては，支援

者が自らの力の優位性の意味あいを深く自覚した上で，被支援者をエンパワーするという点が注目される。このことから，子ども参加支援における支援者の専門性は，支援者と子どもの間の力関係を適正にわきまえた上で，子どもが主体として参加の権利を行使することができるようエンパワーすることに求められると言えよう。

ところが，子ども参加の支援者については，資格制度も研修制度も未だ確立していない。その一方で，子ども参加の局面は今後も増えていくことが予想され，支援者はよりいっそうの力量形成が求められる。

子ども参加支援者の力量形成を検討するにあたっては，まず，専門性をどのように捉えるかを明らかにせねばならない。ショーンによると，グレイザー（N. Glazer）は専門的熟練性に着目して医学や法律の分野をメジャーな専門的職業とした。これらの職業は「科学的知識が典型的にもっている学問体系で基本的な知を基礎」としており「高度で，厳密な意味での技術的知識から成り立っており，その知識は，みずからが提供する教育において，学問の基本」となっている。他方，「変わりやすいあいまいな目的や，実践にかかわる制度の不安定な状況に苦しみ，〈そのため〉体系的で科学的なプロフェッショナルの知の基礎を発展させることのできない」ものをマイナーな専門的職業とし，その具体例としてソーシャルワーク，図書館業務，教育，神学，都市計画などを挙げた（Schön, 1983=2007：21-23）。

メジャーな専門的職業の基盤である体系的な知識とは，「専門分化していること」，「境界がはっきりしていること」，「科学的であること」，「標準化されていること」の4つの特性を有している。こうした「専門的知識を階層をなすものとして」捉えると，「一般的諸原理」が最高レベル，「具体的な問題解決」が最低レベルに位置づけられることになる（Schön, 1983=2007：24）。ゆえに，専門性を高めるということは，〈技術的合理性〉に基づく体系的な専門的知識をその各階層に即して習得することを意味することになる（Schön, 1983=2007：25-26）。

ひるがえって，子ども参加の現場において展開される支援は，子どもの現実

に向き合いながら紡いできた〈わざ〉に立脚しており，直感に基づく判断の積み重ねに根ざしていて，必ずしも明確な目的が，設定されているわけではない。支援においては，すぐに目的が達成されないことはしばしばであり，成果を測定できないこともある。時として，明確に言葉にできない働きかけを含むこともある。科学的な知に基づかず，目的もときに不明確でさえある子ども参加支援者は，紛れもなく上述のマイナーな専門的職業に属しているることになろう。

このことから考えると，子ども参加支援者は，体系的な専門的知識を獲得することによってマイナーな専門的職業からメジャーな専門的職業へと上昇しなければならないかのように思える。実際，多くの子ども参加の現場においては，子どもの問題行動に直面するたびに，支援者の体系的な専門的知識の欠如が課題として挙げられる。支援者は，実践を重ねれば重ねるほど，自らの支援者たる資質に戸惑い，心理学や精神医学の体系的な知識を獲得しようともがいている。

ショーンによれば，これまでプロフェッショナルとは，「問題を定義づけ，解決してくれる人びと」であると考えられてきたのであった。つまり，「彼らのおかげで，社会の進歩に向かって努力することができる」がゆえ，「プロフェッショナル・キャリアはもっとも渇望され，獲得するに値するもののひとつ」(Schön, 1983=2007：3) と思われてきたのである。

ところが，ショーンによる現実の批判的検討にしたがえば，「プロフェッショナルは社会問題の解決に失敗していること，新たな問題の発生を止められないこと，顧客への技術提供に納得できる基準を設けないことのために，今もなお声高に非難され続けている」(Schön, 1983=2007：12) のである。こうして今や，実践の場に出現する「複雑で不安定，不確定な状況は，明確に定義された仕事に専門的知識を当てはめてみたところで取り除くことはできないし，解決もされない」ことがようやく認識され始めたのである (Schön, 1983=2007：18)。そもそも，実践の場で生ずる現実の課題に対し，唯一無二の絶対的「解決方法」が存在しているわけではないし，プロフェッショナルが「正解」を知っているわけでもない。

実のところ，実践の場で生ずる現実の課題は，最初から一定の課題として提示されるのではない。この点にかんがみてショーンは，「独自な状況では，「そのように教えられているし，それが常であり，よく知られていたとしても，これは違うのだ」という実践の〈わざ〉が求められる」として，〈技術的合理性〉に基づいて明確に定義されたのではない，〈わざ〉に焦点を当てている（Schön, 1983=2007：16）。その上でショーンは「プロフェッショナルの実践が，少なくとも問題を解決することと同じくらい，問題を見つけることにかかわるならば，問題の設定（problem setting）もまた，プロフェッショナルの実践であると認識することができるだろう」と述べて，課題を掘り起こすことの意義に着目している（Schön, 1983=2007：17）。こうしてショーンは「不確実であること，巧みに対処すること，問題を設定すること，相反するプロフェッショナル実践のパラダイムからの選択を通して意味づけられるものを説明し，教える」（Schön, 1983=2007：18-19）という要件を含んだ新たなプロフェッショナル像を提示するのである。
　これは，従来の〈技術的合理性〉に基づくプロフェッショナルを超えた，新たなプロフェッショナル像である。子ども参加支援者もまた，この新たなプロフェッショナル像に即して自らの専門性を追究していく要請を免れない。そこで，子ども参加支援研究のひとつめの視点を，支援者の専門性におくことにしたい。

(2) 支援者と現場の力

　子ども参加には常に現場がある。それは，子どもと向き合う現場である。
　子どもはひとりひとりが異なる存在である。ひとりの子どもでも，時や場所，支援者，状況が異なれば違った面が現れる。子ども参加の現場は，常に変化し，支援のありようもまた変化を迫られる。「子ども参加にマニュアルはない」，「ケースバイケースで」という声がよく聞かれるのも最もである。
　現場にいる子どもに即した臨機応変さが求められ，一度として全く同じ状況が現れない一方で，現場での活動を支えるための軸となる理念や価値観もまた

求められる。「試行錯誤でやっているが，これでいいのか」，「子どもと向き合うとき，何をよりどころとすればいいのか」という声も現場からよく聞こえてくる。共通の理念や価値観に基づいた現場での活動を支える法と制度，支援者が自らの支援を客観視し普遍化するための理論が求められているのである。

　尾崎は，現場においては「個別性・多様性・偶然性」が必要とされるのと同時に，他方では「一貫性・明確性・客観性」が必要とされ，そこから，現場や支援者に2つの矛盾する態度が生じると指摘している（尾崎，2002-2003：380-381）。

　「個別性・多様性・偶然性」に関わる態度は，現場の力を創造する基盤ともいうべきものである。それは，「援助を進める上での葛藤，不安，分からなさなどに直面し，援助の意味を問い続けることによって，力を高めようとする態度」あるいは「日々試行錯誤をくりかえすことによって，援助における葛藤，不安に対する感性と耐性を高めると同時に，視点や発想を豊かにして，しなやかな力を獲得しようとする態度」であり，そこに働く力を尾崎は「ゆらぐことのできる力」と呼んだ（尾崎，2002-2003：381）。

　「一貫性・明確性・客観性」に関わる態度は，「明確な理念，価値観，援助原則，あるいは制度，客観性を獲得することによって，現場にゆるぎない力を創ろうとする態度」であり，そこに働く力は尾崎の「ゆらがない力」と呼ぶところのものである（尾崎，2002-2003：381）。

　これら2種類の態度ないし力はいずれも不可欠ではあるが，どちらか一方のみが単独で存在するとき，現場はきわめて危険な状況に陥ると尾崎は指摘する。とはいえ，両者は対立しあう力であり，両者の間にはしばしば本質的な困難や葛藤が生じてしまう。そのため，両者の関係を吟味する必要がある。

　そこで尾崎は，「ゆらぐことのできる力」を横糸に，「ゆらがない力」を縦糸にたとえる。社会福祉実践における援助は，利用者の人生の矛盾，謎との直面から始まり，その本領は葛藤，不安，矛盾などのゆらぎとの直面にある。そのため，現場はゆらぎに向き合うことから実践と考察を始める必要がある。そこで，初めに現場に求められるのは，「人が生きること，あるいは援助すること

に伴う葛藤，矛盾，分からなさなどに対する感性と耐性」であり，これこそが「ゆらぐことのできる力」である（尾崎，2002-2003：383）。

　「ゆらぐことのできる力」はやがて，現場に「ゆらがない力」を生み出す。支援者がゆらぎによって破綻しないように，「ゆらぐことのできる力」を支え，「「これだけは譲れないもの」としての実践理念，「決して曲げてはならない」援助に関する原則や価値観，あるいは現場を支える法や制度」が「縦糸」となる「ゆらがない力」である（尾崎，2002-2003：234）。尾崎は，「われわれはまず「横糸」から紡ぎ，現場という「織物」を織りはじめなければならない」とし，クライエントの現実に即することの大切さを述べている（尾崎，2002-2003：385）。

　ゆらぎは，実践の中の省察を契機とし生じるものである（須藤，2002：48-53）。そして，以上に述べたように現場を有する支援者の専門性は，「ゆらぐことのできる力」と「ゆらがない力」によって織りなされる。そこで，この2つの現場の力の子ども参加支援実践における諸相について，省察的実践論と子どもの権利論からアプローチすることを本研究の第2の視点として設定したい。

(3) 理論・実践・制度の乖離

　子ども参加支援実践において，もっとも中心に据えられるべきは子どもであるが，もっとも声が届きにくい存在もまた子どもである。子どもの現実にそぐわない理論やマニュアル，硬直化して機能しない制度やしくみ，子どもが周辺化された実践がいかに多いことか。理論・実践・制度の乖離は，子ども参加だけでなくさまざまな場面で課題となる。加えて，子ども参加支援実践は，子どもが子どもであるがゆえに生じる課題をも内包している。そのため，支援者であるおとなが，意識的に理論・実践・制度をつなげていく必要がある。

　子ども参加支援に関わる制度を考えるとき，子ども参加実践を支えるしくみとしての制度と，子ども参加支援実践によって掘り起こされる課題を解決するための制度という2つの側面がとりあげられる。同様に，理論についても，子ども参加実践の土台ともいうべき理論と，実践から導き出され実践を深めてい

く理論がある。それぞれの前者は，「ゆらがない力」を創り出す軸であり，後者は「ゆらぐことのできる力」によって新たに生み出されるものである。

また，制度によって子ども参加実践が支えられ，実践を通して課題が生じる。その課題を分析することで新たな理論が生まれ，実践に基づいた理論を基盤として課題を解決するための制度ができあがる。そして，そこから新たな実践が展開されていく。このように，理論・実践・制度は本来重層的に絡み合い，そこからより子どもの現実に即したあり方が実現してゆくことが期待されるのである。

そこで，理論・実践・制度をつなぐという論点を第3の視点として，子ども参加支援研究を試みることにしたい。

第4節　本研究の構成

(1) 理論的課題

権利としての子ども参加とその支援理論の研究領域のうち，子ども参加および支援の基礎理論に関しては，その研究課題として参加概念，意義・目的，支援の必要性，役割などについての解明が考えられる。そこで本研究の第1章から第3章まででは，子ども参加支援者の専門性という視点から子ども参加の意義・目的，支援の必要性，役割を検討したい。

権利としての子ども参加概念については，すでに述べた。そこで，それを踏まえて，第1章では権利としての子ども参加の意義・目的について，乳幼児期からの子ども参加について論じる。これまで権利としての子ども参加は，思春期以降の子どもたちを主たる対象として論じられることが多かった。乳幼児期からの子ども参加とその支援の必要性を明らかにすることは，さまざまな理由で参加しにくい状況にある子どもたちを含めた広い視点での子ども参加支援の研究・実践を推進していくための基盤となりうる。すなわち，乳幼児期の子ども参加支援を論ずることとは，権利としての子ども参加の根源的な課題に取り組むことになろう。

第2章では，社会教育における子ども・若者の社会参加論，地域福祉論をとりあげ，まちづくりなどの領域でも実践的な課題となっている子ども参加支援理論の構築にアプローチすることを目的とする。子ども参加支援モデルとしてしばしば使用されるものに，ハートの「参加のはしご」が挙げられるが，これを用いてさまざまな子ども参加支援実践モデルが展開されている。本章では，「参加のはしご」に改めて検討を加え，合わせてそこから派生するさまざまなモデルを正統的周辺参加論とエンパワーメント論から分析する。

　第3章では，第2章を踏まえて子どものエンパワーメント論を整理する。続いて，子どものエンパワーメントを支える支援者に着目し，子ども参加ファシリテーター論の形成について考察する。facilitateという言葉は，「ひきだす」，「促進する」などと訳されることが多く，そのため「子どもの意見を無理に引き出そうとしたがうまくいかない」，「子どもが意見を言ってくれないから，私はまだ一人前のファシリテーターではない」という声もよく耳にする。そこで，子ども参加支援者に求められる役割について，実践知・省察・参照枠という論点に即して再考することにしたい。

(2) 実践的課題

　権利としての子ども参加と支援理論の研究領域に関して，上述の基礎理論に次いで設定したいのは子ども参加の実践論である。そこで，「現場の力」という視点から，子ども参加実践にアプローチすることにしたい。

　それに取り組むために，第4章では，子ども参加実践の記録を省察的に分析し，そこから子ども参加支援における実践知を明らかにする。第1節では，NGO・学校・自治体という場においてそれぞれ子ども参加を展開している3つの事例をとりあげる。研究法として，マイクロエスノグラフィーによる調査，アクションリサーチによる調査，インタビュー調査，参加した子ども自身あるいは支援者自身による記録の分析からなるマルチメソッドを用いる。

　支援者は，子ども参加支援のわざを無意識のうちに暗黙知として獲得している。そのわざを「ゆらぐことのできる力」と「ゆらがない力」という視点から

読み解くことで，わざの内実を明らかにし，その枠組みを捉えなおすことによって，社会に開かれた実践知のあり方を論じその課題を提示したい。

(3) 制度的課題

3つめの研究領域は，子ども参加支援の制度論である。子ども参加支援の制度論について，理論に基づいた実践と，実践の積み重ねによってもたらされる課題の抽出に着目し，両者を活かした制度構築とはどのようなものかを探りたい。これらを踏まえ，社会のありようそのものを子ども支援型に転換していくための視点としての子ども支援学について終章で検討する。

注
(1) CRC/C/15/Add.90, para.11 参照。
(2) なお，藤田は，1974年に発行され『中学校特別活動指導資料第2集 生徒活動に関する実践上の諸問題』では，「生徒の活動の範囲」から除外されるべき事柄として「学校の管理上の事項にかかわる内容」が挙げられ，1950年の考えから後退したことに関して，戦後初期の教育方法としての生徒参加は，一時的なものとして廃棄されるのではなく，権利としての参加の中に正しく位置づけなおされた上で研究されるべきであると指摘している（藤田，1999a：64-65）。
(3) 松原の考える参加の諸様態とは，①現在の所属組織の中での参加，②インフォーマルな集団への参加，③団体・グループ等への参加，④コミュニティ形成への参加，⑤公衆としての社会参加，⑥国民としての参加，⑦国際参加の7つである。
(4) 松原のいう社会参加の単位とは，①個人，②集団，③世代，④日本人の4つである。
(5) 青少年にとっての社会参加の意義について松原は「青少年の社会参加が今日強調されるゆえんは，今日の社会が青少年のもつエネルギーを吸収しかつ青少年の反社会的なエネルギー作用を撲滅させるという社会の側からの要請だけからきているのではない。青少年自身にとって，青少年の本来の発達課題にとって不可欠ないとなみであり，そればかりでなく，社会の今日的状況におかれた青少年の心理状態（孤独，不安，不信，無力感，混乱等々）を克服するために真に必要なことがらであるからである」と述べた（松原，1977：106）。
(6) 青少年の社会参加を育てるものとして松原は，家庭，学校，職場を挙げた。とくに学校については「教師という専門職と，組織化された施設や設備，論理的に整備された教育技術の展開が，有効に青少年の社会参加の態度や知識や方法を提示することな

く，なんで教育の場といえよう」とも指摘している（松原，1977：106-107）。
(7) 参加を促す方策としては，①参加条件の整備，②参加意欲の醸成，③参加の実質の確保の3つを挙げた。①に関しては，物的，人的，情報的，制度的条件を挙げとくに人的条件については「人の面とは，その施設を生かし，かつ青少年に水準の高い指導とサービスを提供する指導者，管理者の養成，配置をいう。その場合，青少年指導の行政専門職の確立が必要なのはもとよりであるが，いわゆる指導一般というオールラウンドの指導者だけではなくて，スペシャライズされた知識，技能，能力をもつ非常勤の指導者群をプールしておいて，青少年の参加の形態に応じて，指導助言することのできる地域システムを作っておくことも必要であろう」として，「非常勤の」青少年の参加に関する専門家について言及していることは注目に値する（松原，1977：107-108）。
(8) ところで松原は，政治学，社会心理学における参加の概念は「集団内の力学」として考えられ，「参加するか，しないかは，力の問題，いわば，権利にかかわる問題である」と述べている。これは青少年にとっては「どれ程の権利を獲得しうるか，にかかっているだけ」で何の問題もないものの，政策推進の当局にとっては「この参加の領域を，どこまで広げるか，が問題である。青少年の参加要求をみたし，かつ，組織運営の方向を，ある程度，政策目標の反映するものとしようともくろむとき，この問題は，非常に難しいものとなってくる」として，青少年の参加要求と政策当局との関係を捉えた（松原，1977：16）。一方，松原の理論では，青少年の参加を論ずるにあたって「主体的な意味合いの強いものにとくに焦点を当て」ようとするため，両者の関係はより厳しいものとなっていくことが予想される。しかしながら，実際に松原が想定したのは「公衆としての社会参加」，「国民としての参加」など，いずれも社会に適応する形のいわば管理された参加であり，真に「主体的な」ものであるとは言いがたい。
(9) たとえば，木下は「身近な環境形成の現場に子どもが参加できることを保障していくことは時代の趨勢の課題でもある」と指摘して，主としてまちづくりの分野における子ども参加の意義を建築学的に論じている（木下，1994：88）。
(10) この経緯については，たとえば，子どもの人権連・反差別国際運動日本委員会編『子どもの権利条約のこれから』，エイデル研究所，1999年，pp.107-123などを参照されたい。

第1章　子ども参加支援の根源的課題

第1節　生きることを支える

　生きることとは，その人の生そのものであり，それは世界へ参加することにほかならない。

　生後間もない赤ちゃん(1)は，誰に教わるでもなく，おっぱいをくわえる。へその緒を切った直後，母親の身体に乗せられた赤ちゃんは，もぞもぞと動きおっぱいを探し当てる。頭を不器用に動かしながら，そのちいさな，本当にちいさな身体からは想像もできないほど強い力で吸いついてくる。

　赤ちゃんは「3日分のお弁当をもって生まれてくる」という。生存するための栄養という側面から言えば，3日間何も口にせずとも生きることができる。一方，母親は産後すぐには母乳がでないことが多いにもかかわらず，赤ちゃんは自然とおっぱいを探し当てくわえようとする。おなかがすいたからというよりも，母親のあたたかさ，人との関わりを求めているように思えてならない。

　ひとときの眠りのあと，オムツが汚れれば換えてほしい，とさめざめ泣く。おなかがすけば，おっぱいをちょうだい，と頭を真っ赤に，口を四角くして泣く。暑い，寒い，服がちくちくする，眠いけれど眠れない，抱っこして，と泣く。

　生まれてわずか数時間の赤ちゃんが，自分の気持ちを伝えるためのさまざまな泣き方を知っている。泣くことは，自分以外の他者へ向けてメッセージを発することである。人間は他者，そして世界との関わりを求める存在として生まれる。生きることは，すなわち世界に参加することであり，参加する力とは，

自分の生に積極的に関わっていく力である。

　参加する力は，しかしながら，生きていく過程で削ぎ落とされていくようにみえる。「ダメな子ね」，「早くしなさい！」，「それはちがうんじゃない？」，「そんな子に育てた覚えはない」，「あなたなんか産まなきゃよかった」など，おとなから発せられる言葉によって，子どもは他者と関わろうとする力を奪われていく。自分を削られないようにと，少しずつ，他者との関わりを切っていくと，ついには社会とのつながりさえも希薄化してしまいそうになる。社会とのつながりをなくしていくことは，ひるがえって，自分を受けとめてくれる存在を失うことを意味する。自分を受けとめてくれる存在を欠いた世界を歩んでいくのは，とてもつらいものであることを私たちは経験的に知っている。

　一方で，子どもを受けとめるだけでは何の解決にもならない事態も生じている。学校における犯罪，いじめ，虐待，大地震などの災害で傷を負った子どもたちに「心のケア」をしなければならない，という考えが広まってきている。子どもの「心のケア」を重視する考え方は，さまざまな問題の根源を子どもの心に求め，個としての子どもの心がなんとかいやされれば問題そのものが解消すると考えることで，問題の所在を曖昧にしてしまう危険性をはらんでいる[2]。力を奪われた子どもが心理的に回復することはもちろん大切である。だが問題の根源を個としての子どもの心のありようへと矮小化するのみで，社会の変革に手をつけなければ，問題は繰り返され，子どもたちは抑圧され続ける。いままさに，子ども自身が自己の内的世界とともに外的世界をも変えていくこと，問題解決に参加していくことが求められているのである[3]。

　それについて考察するためにはまず，子どもたちが生まれたときに有していた力に立ち返ることが重要である。生まれながらに参加する力が備わっているのならば，その力を削ぎ落とすのではなく，引き出していく支援がおとなにはできるのではないか。

　このような問題意識を背景に，赤ちゃんの参加から論を始めたい。

　「赤ちゃんの参加」と聞くと違和感を覚えるかもしれない。それは，長い間，赤ちゃんが何もできない弱い存在として認識されてきたからである。

赤ちゃんの参加の権利への認識が高まれば，思春期以降の子どもの参加や障害のある子どもの参加の権利についての理解も広がるのではないか。子どもの権利条約が採択される以前，子どもは保護の客体であることが強調されてきた。その最たるものが，赤ちゃんである。つまり，これまで保護の対象としてのみ考えられてきた乳幼児，特に赤ちゃんを権利の主体として捉えなおし，乳幼児期からの参加とその支援の必要性を明らかにすることは，子ども参加や参加支援の研究・実践を展開するための基盤となる。

　そこで以下，第1章では，教育学において乳幼児とくに赤ちゃんに対してどのようなまなざしが注がれてきたのかを，赤ちゃん観の変容という視点から追ってみる。さらに，諸科学の進展に呼応するとともに子どもの権利論の観点からも赤ちゃん観の転換がなされたことで，乳幼児期(4)の子どもの参加に焦点が当てられ始め，赤ちゃんの参加の権利が確立されるにいたったことを論じる。しかし，子どもの参加の権利が国際法的に認知されたからといって，それが，即子どもの参加の権利行使につながるわけではない。子どもの参加の権利行使には，おとなの子ども観の転換とそれに基づいた支援が必要であることを論じ，子ども参加支援論の根源的課題にアプローチしたい。

第2節　赤ちゃん観の変容

(1) 赤ちゃん観の教育学的考察

　古代ギリシャ・ローマ時代より，赤ちゃんへそそがれたまなざしは多くの文献にみることができるが，ここでは近代初頭以降のものをいくつかとりあげてみたい。

　コメニウス (J.A. Comenius, 1592-1670) は，乳幼児期の教育にも着目した。人間は神の似姿であるから，乳幼児は，生まれながらにして「あらゆるものの知識を獲得する能力」を備えているとした (Comenius, 1657=1956：58)。その上で，人間と植物の成長における類似に注目しながら「人間も同様に，自分自身の力によって，人間らしい姿に生長する（それは丁度野獣が独りでに生長して同種類

の他の野獣に似たものとなるように)。けれども最初その心の中に知恵と道徳と経験との接穂が植えつけられないならば，生長して，理性的な，賢明な，有徳な，敬虔な動物となることはできないのである」と述べている（Comenius, 1657=1956：80）。つまりコメニウスは，赤ちゃんが生来もっている成長する力を認めながらも，知恵と道徳と経験によって社会的な人間となるための教育の重要性を指摘したのである。ここには，権利主体としての赤ちゃん観を見ることはできない。

他方，ルソー（J.J. Rousseau, 1712-1778）は，赤ちゃんのもつ力にはさほど関心をしめしていない。ルソーの考えには，その当時の赤ちゃん観が端的に現れており，『エミール』(1762)では，以下のように記されている。

「わたしたちは弱い者として生まれる。わたしたちには力が必要だ。わたしたちはなにももたずに生まれる。わたしたちには助けが必要だ。わたしたちは分別を持たずに生まれる。わたしたちには判断力が必要だ。生まれたときにわたしたちがもっていなかったもので，大人になって必要となるものはすべて教育によってあたえられる。」（Rousseau, 1762=1962-1999：24)

「わたしたちは学ぶ力があるものとして生まれる。しかし，生まれたばかりの時は，なにひとつ知らない。なにひとつ認識しない。不完全な，半ば形づくられた器官のうちにとじこめられる魂は，自己が認識するという意識さえもない。生まれたばかりの子どもの運動や叫び声は純粋に機械的なもので，認識と意志を欠いている。……かれはなにも見えず，なにも聞こえず，人をみとめることもできず，見る必要のあるもののほうへ目を向けることもできないだろう。」（Rousseau, 1762=1962-1999：69)。

赤ちゃんは，学ぶことはできるものの，弱い存在であるから，おとなの助けと教育が必要である。ルソーはそう述べた。また，生まれたばかりの赤ちゃんの泣き声，動きは機械的なものであり，そこには認識も意識もないとルソーは言う[5]。

なるほど，子どもを意味するフランス語の enfant の語源は，infans という

ラテン語で，これは「話せない者」を意味する。確かに乳幼児，とくに赤ちゃんは言葉で自分を表現することができない。しかし，だからといって，赤ちゃんは，自分ではなにもできない全く無力な存在だといってよいだろうか。

　フレーベル (F. Fröbel, 1782-1852) は，万有在神論の立場から人間の中にある神的なものが人間の本質であるとし，子どもの中にある神的なものに着目した。フレーベルは，「子どもないし幼い人間は，地上に現れると同時に，すなわち出生後ただちに，かれの本質にしたがって理解もされ，また正しい取り扱いも受け，かれの力を自由にかつ全面的に用いることができるような状態に置かれるべきであるし，また当然そうでなければならない」と述べ，赤ちゃんの力を認め，尊重すべきことを強調した (Fröbel, 1826=1964：34)。赤ちゃんの自発的な動きを妨げてはならないとするフレーベルの考え方は，ルソーが，「生まれたばかりのときはなにひとつ知らない」のだから「すべて教育によって与え」なければならないと述べたのとは対照的である。

　フレーベルはまた「叱るわれわれより，子どもの方がもっと賢いのではないだろうか。子どもはものの本質を認識したがっている」と述べて，子どもの欲求があってこそ，教えるおとなが存在することを強調している (Fröbel, 1826=1964：92)。岩崎は，子どもの権利思想と関連づけ，フレーベルの国民教育は「教育の過程において子どもの人権を尊重しつつ，彼が将来大人になった時，主権を有する国民として彼の主権を実際に行使できる国民にまで形成すること，その民主的な共和国を実現することをめざすものであった」と指摘している (岩崎, 1999：545)。

　もちろんフレーベルの思想の根底には，子どもの本質としての神の存在がある。それでもなお，赤ちゃんのもつ力に光をあてた根底には子どもの権利への視座があり，権利論の視点からフレーベルの実践を検討していく必要がある。

　教育学のみならず，心理学を含め多くの分野で乳幼児の世界が本来のしかるべき取り扱いをうけてこなかったと指摘するのは，ロシャ (P. Rochat) である。ロシャによると赤ちゃんが人間の心の起源を科学的に研究する上で重要な研究対象となったのは，1978年に『乳児の行動と発達』という専門誌が発刊され

てからのことであり，つまり比較的最近のことにほかならない。これは，赤ちゃんが自らの体験を述べることができないという方法論上の制約があるためであるとともに，赤ちゃんが弱く研究に向かないと思われていたからだという。

ところが，実験方法や行動記録技術の発達によって，乳児の世界に光が当たるようになったのである。赤ちゃんは，決して弱いだけの存在ではない。

(2) 諸科学の進展と「力のある存在」としての赤ちゃん観の確立

ロシャは，「発達の理論家の多くは，幼い乳幼児を最初は混乱した状態にあるもの」と考えていたとして，ジェームズとフロイトをその例として挙げた。ジェームズ (W. James, 1842-1910) は，生まれたばかりの赤ちゃんは「咲き誇るがやがやした混乱」であり，自己と自己以外の刺激を区別しているという兆候を何も示さない，と考えていたし，また，フロイト (S. Freud, 1856-1939) は，赤ちゃんは混乱しているというよりは周りの世界と何の関係ももっていない，とした (Rochat, 2001=2004：32)。しかしながら，ロシャらの研究によると，生まれたときから赤ちゃんの行動は，「全体的に混乱してもいないし，自閉的でも」なく，「自己刺激と自己以外からの刺激とを区別する核となる能力を持っていること」が確かめられたのである (Rochat, 2001=2004：33)。つまり赤ちゃんは「生まれつき他の物から自分を区別する知覚的手段を持っていて，それらの手段を利用して，環境の中で分化され，位置づけられ，周りに影響を及ぼすものとしての自分自身（生態学的自己）を感じる」のだという (Rochat, 2001=2004：72)。

物理的な知覚に関していえば，聴覚，味覚，嗅覚は出生時にすでに充分に発達しており，視覚は出生後にめざましく発達し続ける (Rochat, 2001=2004：88)[6]。ところで赤ちゃんの力は，物理的対象の知覚のみならず，自分以外の他者をどう把握するかにまで及ぶ。つまり，赤ちゃんは生まれてすぐから「他者との相互交換的やりとりに参加することによって，社会的理解を学習する」(Rochat, 2001=2004：135) 存在であり，他者へと自発的に関わっていくという点でまさに参加する主体なのである[7]。

以上のような発達行動学や発達神経学の知見を踏まえて小西は，胎児や新生

児をありのままの状態で観察すると、「彼らが決して外からの刺激によってだけ動かされているのではなく、「自発的」に運動し、自ら外に向かって語りかけているのが見てとれる」と述べている（小西，2003：88-89）。その上で、小西は、赤ちゃんは決してこれまで考えられていたような無力な存在ではなく、「自ら外に向けて働きかける力」（小西，2003：111）をもつ存在であることから、自然な発達を無視した過度の刺激を与えるのではなく、赤ちゃん自身が有する力を見守ることの意義を指摘した。小西は、また、1970年代以降、脳科学の分野で明らかにされた神経細胞の自死（アポトーシス）とシナプスの過形成と刈り込みという現象から、脳には失うことによって発達するという側面があることに加えて、これまでの右肩上がりの発達観から離れて、より広い見地から子どもを見ることの重要性を指摘し、以下のような赤ちゃん観を提示した（小西，2003：176）。

　① 赤ちゃんは、自ら行動し、環境と相互作用する存在である。
　② 赤ちゃんの発達は、必ずしも右肩上がりではない。
　③ 赤ちゃんも、一人の人間としてその存在を尊重すべきである。

　赤ちゃんには、外の世界と作用する力が内在している。赤ちゃんはそれぞれのペースで発達しており、一人の人間として尊重されねばならない。これは、環境から一方的に刺激を受けることでのみ反応したり学習したりするという従来の考え方を覆すものである。

　この赤ちゃん観は「生まれながらの子どもの力を認めたとき、親は子の環境を整備することはできたとしても、そこに入りこんで子どもを左右することはまずできないだろう」（小西，2005：17）という意味をもっていることに注目すべきである。すなわち、上述の赤ちゃん観の転換は、子どもの教育や子育てに対する親の姿勢へも大きく影響を及ぼさずにはいないということである。この影響を子ども参加支援論も免れることはできない。

第3節　赤ちゃんの権利保障の展開

(1) 子どもの権利条約下における「保護の客体」としての赤ちゃん観

　1989年に国連子どもの権利条約が採択されて以来，乳幼児期の子どもの権利保障に関しては，子どもの教育・健康・ケアをどう保障していくかに力点がおかれてきた。翌1990年にニューヨークの国連本部で開催された「子どものための世界サミット」では，7つの目標が掲げられたが，そのうち2つが乳幼児の健康を直接に念頭に置いたものである[8]。

　教育に関しては，1990年，タイのジョムティエンで開催された「万人のための教育に関する世界会議」において「学習は出生時から始まる」と宣言され，初期教育の重要性が確認された。2000年，セネガルのダカールで行われた「世界教育会議」では，「ダカール行動枠組み」が採択されたが，その中では「とくにもっとも傷つきやすい立場および不利な立場に置かれた子どもを対象として乳幼児期の包括的なケアおよび教育を拡大および向上させること」が目標のひとつとされた。

　2002年5月にニューヨークで開催された「国連子ども特別総会」でも，同様のことが確認されている。成果文書である『子どもにふさわしい世界』では，「すべての子どもが安全かつ健康な人生のスタートを切れるよう」にするための保健分野目標 (36)，乳幼児期の包括的なケア・教育の拡大を含む教育分野の目標 (39) などを改めて確認した上で，新生児のHIV感染率削減を新たな目標として掲げた (46)（（　）内はパラグラフ番号をさす）。

　このように，乳幼児期の子どもの権利保障に関しては，子どもの教育・健康・ケアばかりが強調されてきており，包括的な権利保障の視点が欠落していることは否めない。平野裕二は，休息・余暇・遊びの権利（子どもの権利条約第31条）を例に挙げ，IPA（子どもの遊ぶ権利のための国際協会）など有力な国際NGOが存在しているにもかかわらず，これらの権利はこれまで議論されてこなかったと指摘している。また，子どもの意見表明・参加についても，「主として思春期以降の子ども，せいぜい小学校高学年以上の子どもが念頭に置かれ

るのが現状であった」として，乳幼児は参加主体としては想定外であったことに注意を促している（平野，2004b：5）。

(2) 一般的討議（2004）をめぐる議論

このような状況下，2004年9月17日，国連・子どもの権利委員会は，「乳幼児期における子どもの権利の実施」をテーマとする一般的討議を行った。この討議は，「分科会Ⅰ　乳幼児期からの健全な子育て実践（生存・発達権の保障，休職・余暇・遊びに対する権利の保障）」と「分科会Ⅱ　発達の全面的主体としての乳幼児（家庭・学校・コミュニティにおける参加，保育者，幼児教育者等の役割）」の2つの分科会を設けて行われた。

分科会Ⅱでは，乳幼児の権利保障を行っているオランダのベルナルト・ファン・レアー財団代表ローハルン氏が，親の指示や指導ばかりに着目するのではなく，発達しつつある個人という観点からも乳幼児をみなければならないと指摘した。同氏は，子どもは発達・学習への積極的参加者であり，「力のある子ども (capable child) という考え方をいっそう幅広く展開していく必要がある」と述べ，「子どもの弱さ (vulnerability) だけではなく，「力」(capability) も踏まえて議論をすすめる必要がある[9]」として，力のある存在としての赤ちゃん観への転換を迫った。ユニセフのエングル氏も「子どもは小学校に入学するまで，あるいは思春期を迎えるまで意見など言えないと思っている人が多いが，親はそうではないことをよく知っている」とスピーチし，赤ちゃんの力を強調した。これは，ユニセフ『世界子供白書』2003年版でもすでに述べられたことと重なる。すなわち「子どもは生まれたときから人生に参加」しているのである。

2004年10月1日に採択された17項目の勧告[10]には，しかし，このような議論が充分に反映されたとは言いがたい。条約の規定をそのまま載せているものや，これまで何度か確認されたことの繰り返しが多く，内容が不十分である。このため，国連・子どもの権利委員会は2005年9月に同様のテーマで一般的意見第7号[11]を採択した。

(3) 一般的意見第7号（2005）と「権利の保有者」としての赤ちゃん観

一般的意見第7号は冒頭で，「乳幼児は条約に掲げられたすべての権利の保有者である」と宣言した。

ところで，子どもの権利条約第12条は，「自己の見解をまとめる力のある子ども」に対して，意見表明権を認めている。そのため，何歳から意見表明の力がつくのかが，議論になってきた。喜多は，狭義の解釈においては，条約第12条2項における行政・司法手続き上の聴聞権保障の側面にかんがみて，法的な意思能力を有する年齢である10歳前後に限定されると述べている。これに比して，成長し続ける存在として子どもを捉えた教育的解釈においては，親や指導者による「未熟であるがゆえの権利制限」を助長しないためにも，意見表明権は0歳から17歳まで継続的に行使され尊重されるべき権利であるとした（喜多，1995：190-191）。

これに関して，国連・子どもの権利委員会は，「発達しつつある能力」という概念を用いている。この「発達しつつある能力」は，「子どもの自律および自己表現を制約するとともに，子どもの相対的無力と社会化の必要性に訴えることによって伝統的に正当化されてきた，権威主義的慣行の言い訳と捉えられるべき」ではなく「権利行使を可能にする積極的な原則としてとらえられるべき」である[12]。

「発達しつつある能力」という見地から参加権の行使を保障したものとして，平野は，欧州評議会が2003年に採択した「子に関わる接触に関する条約[13]」を例に挙げる。「子に関わる接触に関する条約」では，「確認可能な子どもの希望（wishes）および気持ち（feelings）」（条約第6条2項）も正当に考慮しなければならないことが規定されているが，これは，「子どもの権利に関する欧州条約」（欧州評議会，1996年）などよりも一歩踏み込んだ内容となっている。つまり，子どもによる意見表明とは，うまく言葉で表現できない希望や気持ちでもかまわないこと，必ずしも理論だった意見でなくともよいことが国際文書において確認されたのである。これを裏づけるように，一般的討議でも「泣き声等も子どもの意思の表明である」としておとなは何歳であろうと子どもに耳を傾けな

ければならないことで意見が一致した (平野,2004c：12)。

このような経緯を踏まえ,赤ちゃんの参加に関する見解が一般的意見パラグラフ14に述べられている。

「乳幼児期の子どもの意見および気持ちの尊重 (Respect for the views and feelings of the young child)」と題されたパラグラフ14は,尊重すべき対象に子どもの意見のみならず気持ちを含めたことに大きな意義がある。つまり,第12条は単に思春期以降の子どもだけでなく,もっと幼い子どもにも適用できることを示しているのである。

委員会は,乳幼児が「話し言葉,書き言葉という通常の手段で意思疎通ができるようになるはるか以前に,さまざまな方法で選択を行い,かつ自分の気持ち,考えおよび望みを伝達している」とし,子どもは,もっとも幼い段階から「自己に影響を与える事柄について意見を表明し,かつ協議の対象とされる自由を有する権利の保有者」であり,その権利は「子どもの能力,最善の利益および有害な経験からの保護にふさわしい方法」で保障されなければならないことを勧告した[14]。

こうして,一般的意見第7号において,赤ちゃんの参加の権利は明文化されるに至った。

第4節　乳幼児期の参加の権利が提示する課題

(1) 子ども参加の現代的意義としての「赤ちゃんの参加」

赤ちゃんが参加の権利を行使していくには,何が必要であろうか。

国連・子どもの権利委員会は,子ども自身に意見や気持ちを表明する力の伸長を求めてはいない。パラグラフ14(c)は,以下のように規定している。

　(c)　締約国は,乳幼児が関連のあらゆる場面における日常的活動のなかで漸進的に自己の権利を行使できるような機会の創設に,親,専門家および担当の公的機関が積極的に関与することを促進するために,必要なスキルの訓練の提供を含め,あらゆる適切な措置をとるべきである。参加

の権利を達成するためには，おとなが子ども中心の態度をとり，乳幼児の声に耳を傾けるとともに，その尊厳および個人としての視点を尊重することが必要とされる。おとなが，乳幼児の関心，理解水準および意思疎通の手段に関する好みにあわせて自分たちの期待を修正することにより，忍耐と創造性を示すことも必要である。

またパラグラフ17では以下のように規定されている。

> 親（および他の者）は，子ども中心の方法で，対話することおよび模範を示すことを通じ，参加権（第12条）ならびに思想，良心および宗教の自由に対する権利（第14条）を含む自己の権利を行使する乳幼児の能力を増進させるようなやり方で「指示および指導」を与えるよう，奨励されるべきである。

つまり，おとなにこそ，子どもの声に耳を傾ける力，参加を促していく支援が求められているのである。同様の指摘はユニセフによってもなされている。

子どもの権利条約の実施を国際機関として担ってきたユニセフ（国連児童基金，UNICEF）は，『世界子供白書』の2003年版において子ども参加をテーマに掲げ，その今日的意義として，「成長発達の確保」，「世界変革の主体形成」，「国連子ども特別総会でも確認されたという国際的認識」，「民主主義の構築」そして最後に「生まれながらの意欲としての参加」を挙げている。ユニセフが挙げているこの5番目の項目「生まれながらの意欲としての参加」は，ほかのいずれの項目よりも根源的なものであり，これまでの「保護される赤ちゃん」観を超えて，より積極的に生き生きと権利を行使する赤ちゃんの姿を想起させる。ユニセフはこう述べる。「参加したいという意欲は，すべての人間に生まれながらに備わっている。その意欲は，新たに生まれたすべての赤ん坊の中にあって発揮されるのを待ち構えており，今日の世界に存在する20億人の子どもたちひとりひとりの中にあって，外からの刺激を待っているのである」（UNICEF, 2002=2003：9-10）。

このように，ユニセフはたとえ赤ちゃんであっても参加する権利を有していることを改めて確認し，なおかつそのための支援の必要性を示唆している。こ

のことは，子ども参加支援を展開していく上で重要な指標である。

だが一方で，赤ちゃんからの子ども参加の意義を認めるだけでは，参加の波は広がっていかないだろう。ユニセフ『世界子供白書』2001年版は，「世界の60億の人口のうち，20億人が単に18歳未満だという理由で絶えずニーズを無視され，意見を十分に聞き入れられず，権利を侵され，福祉を脅かされる危険のもとにある」として，子どもを「存在しない人」にたとえている（UNICEF, 2000=2001：52）。「存在しない人」の中にあって，最年少である赤ちゃんが参加の権利をもっとも無視されている。そうであるならば，赤ちゃんの参加の権利を保障することが実現されれば，それは，年長の子どもたちの権利保障へとつながるのではないか。

(2) 子ども参加支援の課題

ユニセフは，「存在しない人」である子どもが「世界に正統かつ意味のある形で参加する力」を伸ばせるように手助けをする責任がおとなにはあり，そのためにはおとなは「新しい力」を獲得しなければならないとした（UNICEF, 2002=2003：2）。

子ども参加を支援するこの「新しい力」の内実は，どう捉えうるのであろうか。

ユニセフはこの「新しい力」として次の5つを提示した。①子どもや若者の意見を効果的に引き出す方法，②子どもたちの多様な声やさまざまな自己表現の仕方を認識する方法，③子どもたちのメッセージを言葉によるものであるかそうでないかを問わず解釈する方法，また，単にそれらの方法を身につけるだけでなく，④子どもの意見に耳が傾けられ，正統に考慮される機会・時間・安心できる空間を確保すること，さらには，⑤子どもの意見を聞きっぱなしにするのではなく，おとなが適切な形で答える能力を伸ばすことである（UNICEF, 2002=2003：2）。④と⑤の指摘からも，子ども参加支援論が，実践論のみならず，制度論の研究も必要とすることを示している。

ところで，一般的意見第7号の特徴は，保護者など乳幼児期の子ども参加を

支援する側のエンパワーメントのために，保護者などの置かれた状況そのものを改善する必要性を指摘したことである。パラグラフ20は，子どもの権利の実現は「そのケアに責任をもつ者のウェルビーイング及び利用可能な資源に依拠している」と述べて，より直接的な結果につながる介入策（産前保健サービス，親教育，家庭訪問など）と間接的な介入策（税制・諸手当，住居，労働時間など）にも光を当てた。このことは，これまでのような保護者向けのカウンセリングや教育といった，個の努力を求める姿勢とは大きく異なっている。

乳幼児期の子どもの参加を支援するには，保護者など支援者の力量形成が必要である。だが，その支援者のエンパワーメントのためには，乳幼児と支援者を取り巻く環境そのものを変えていかねばならない。一般的意見第7号は，乳幼児期の子どもの参加の権利論から子ども参加支援実践の方向性を明らかにしたが，同時に，理論・実践は制度とつながるものでなければならないことをも示唆している。

赤ちゃんは，力のある存在である。泣き声をあげ，おっぱいを呑み，さしだされた指を小さな手いっぱいに掴む。誰に教えられるでもなく，世界と関わる方法を知っている。赤ちゃんなりの表現を，おとなが受けとめ，理解することで，赤ちゃんの参加する力，自分以外の世界と関わっていく力が引き出されていく。

以下，赤ちゃんに，参加する力が生まれながらに備わっているならば，どのような支援が考えられうるのかを理論・実践・制度面から検討したい。第2章では，海外における子ども参加支援論の展開を追っていく。

注
(1) 本研究では，子ども参加の主体としては考えられてこなかった最たるものを指し示す言葉として「赤ちゃん」という語を用いる。具体的な年齢としてユニセフは，0-3歳をひとつの区切りとしていることから，この時期にある子どもに相当すると考えてよい。なお，「赤ちゃん」という語ついては，たとえば「日本赤ちゃん学会（The Japanese Society of Baby Science）」のように正式な学会名として採用されていることと，加えて学術書や学術論文の題名においても多く用いられるようになってきたこと

から，本研究においても学術用語として用いる。
(2)「心のケア」の危うさに関しては，小沢（2008）などを参照。
(3) 座談会「子どもを癒さない「心のケア」を問う」，『子ども論』2005年7月号などを参照。またこの座談会で，カウンセラーの内田良子は，子どもの権利論から「子どもの立場にたった」ケアの必要性を指摘し，現在の「心のケア」の在り方に警鐘を鳴らしている。
(4) 乳幼児期に関して世界的に統一された定義は存在しない。たとえば，心理学的には出生後約1ヶ月を新生児期，出生後約18ヶ月を乳児期というのが一般的である。また，児童福祉法では，満1歳に満たない者を乳児，満1歳から小学校就学までの者を幼児という（児童福祉法第4条）。国際的には，出生から8歳くらいまでを乳幼児期として捉えることもある（ECDなど）。本研究において乳幼児期という言葉は，厳密な時期的な区分として用いるのではなく，これまで子ども参加の対象としては想定されてこなかった，0歳から思春期前までを指す。
(5) とはいえ，『エミール』ではルソー独自の乳児観が述べられていることにも着目したい。たとえば，乳母が赤ちゃんの世話をすることが当たり前の18世紀西洋にあって，母親が子どもを養育する義務のみならず，「子どもを生ませ養っている父親は，それだけでは自分のつとめの三分の一をはたしているにすぎない」と述べて「父としての義務」の重要性を指摘している（Rousseau, 1762=1962-1999：35-46）。また，「子どもの手足を動けないようにしばりつけておくことは，血液や体液の循環を悪くし，子どもが強くなり大きくなるのをさまたげ，体質をそこなうだけのことだ」と述べて，赤ちゃんの動きを拘束するかのように産着を巻きつける当時の習慣を批判している（Rousseau, 1762=1962-1999：34-35）。
(6) なお，赤ちゃんの視覚の発達の詳細に関しては，山口真美『赤ちゃんは顔を読む』，紀伊國屋書店，2003年などを参照。
(7) たとえば，新生児が「痛みや空腹や嫌悪のような特定の情緒の表出によって表現されるような感覚や感情を保持」していたり，状況に応じて泣き方が異なることから，母親は基本的要求を認識していくことができる，としている。
(8)「乳幼児死亡率と5歳未満児の死亡率の引き下げ」および「5歳未満児の重・中度の栄養不良を半減する」こと。また，「妊産婦死亡率の削減」，「成人（とくに女性）の識字率の向上」，「安全な飲料水と衛生的な排泄処理施設の整備」の3つも，乳幼児期の子どもに大きな影響を及ぼす目標であった。
(9) CRC/C/SR.para.979
(10) 勧告は，出生登録，乳幼児期のための資源配分，データ収集，休息，余暇および遊びに対する権利，子ども参加などについてなされた。
(11) CRC/C/GC/7/Rev.1
(12) CRC/C/GC/7/Rev.1, para.17
(13) Convention on contact concerning children, Strasbourg, 15. V.2003
(14) CRC/C/GC/7/Rev.1, para.11, a)

第2章　子ども参加支援理論の国際的展開と課題

　第2章では，子どもの権利論の立場から社会教育における子ども・若者の社会参加論，地域福祉論，まちづくりなどの領域でも実践的な課題となっている子ども参加支援理論の海外における展開を検討し，子ども参加支援理論の課題にアプローチすることを試みる。

　子ども参加支援モデルとしてしばしば使用されるものに，ハートの「参加のはしご」(Hart, 1997=2000) が挙げられる。たとえば，ジョンらは子ども参加実践の視点から「参加のはしご」を発展させたモデルを考案している。しかしながら，これらのモデルは子ども参加支援理論の立場から考案されたものではなく，子ども参加実践から考案されたものであり，その根本的な発想において支援とは本来次元の異なる性格のものなのではないだろうか。そこで本章では，「参加のはしご」を再検討し，これらのモデルを分析しながら，子ども参加支援理論構築のための課題について考察する。

第1節　子ども参加支援モデルの登場

(1) ハート「参加のはしご」の意義

　ハートは，子ども参加の各段階を次の8つに分類した「参加のはしご (The Ladder of Participation)」を提示している (図2.1)。はしごの下段からそれぞれ①あやつり (Manipulation)，②お飾り (Decoration)，③形だけ (Tokenism)，④課題を割り当てられるが，情報を与えられている (Assigned but informed)，⑤

相談され，情報を与えられる (Consulted and informed)，⑥おとなが始め，子どもとともに決定する (Adult-initiated, shared decisions with children)，⑦子どもが始め，指導される (Child-initiated and directed)，⑧子どもが始め，おとなとともに決定する (Child-initiated, shared decisions with adults) の8段階である (Hart, 1997=2000：41-42)。

ハートはこのうちの①〜③を「非参加」と呼び，子ども参加ではないものとしている。このうち，①あやつりとは「おとなが意識的に自分の言いたいこと

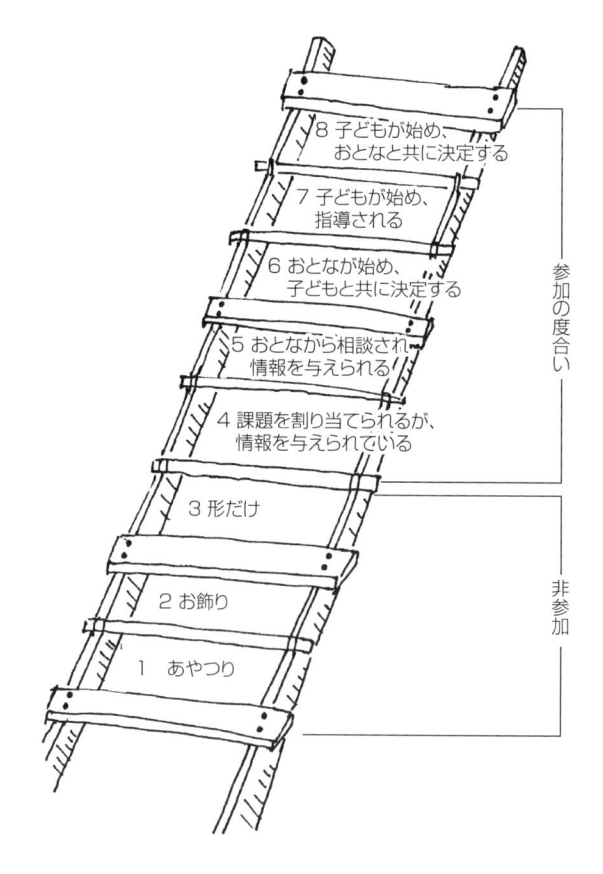

図2.1 「参加のはしご」(Hart, 1997=2000)

を子どもの声で言わせる」(Hart, 1997=2000：41) ものであり，②お飾りは子どもが「何らかの主張を掲げたTシャツなどを着ているが，その主張をほとんど理解しておらず，その行事を組織することに少しも関っていない」(Hart, 1997=2000：42) 場合などである。③形だけの例としては，子どもが何かの会議で，何を代弁するのか，どうやって選ばれたのかを説明もされずに壇上にのぼることなどが挙げられる。ハートは，これら「非参加」に対して，④〜⑧を「真の参加モデル」(models of genuine participation) と呼んでいる (Hart, 1997=2000：42-46)。

(2)「参加のはしご」再考

ここで改めて，この「参加のはしご」について考えてみたい。ハートは自らが提示した「参加のはしご」に関して以下のように述べている。

> 「はしごの上段にいくほど，子どもが主体的に関る程度が大きいことを示す。しかし，これは子どもたちが必ずしもいつも彼らの能力を出し切った状態で活動すべきであるということを意味しているのではない。」(Hart, 1997=2000：42)

後述する「参加の輪」のところでも論ずるが，子どもの参加のありようはそのときの状況次第でめまぐるしく変化する。そのことを理解した上でハートは必ずしも「能力を出し切った状態」つまり「はしごの上を目指す」ことを求めているわけではないと述べ，はしごの各段に与えられた数字について次のようにいっている。

> 「これらの数字は，むしろ大人のファシリテーター[1]が，子どもたちのグループが自分たちの選んだどのレベルでも活動できるような状況をつくり出せるようにするためのものである。」(Hart, 1997=2000：42)

つまり，ハートは「参加のはしご」を，おとなの側がいかに子ども参加を支援すればよいかを示す指標として，すなわち子ども参加支援モデルとして使用することを望んでいるのである。そして同時に，「子どもの中には主体的に活動を始めることはしないが，優秀な協力者である者もいる」(Hart, 1997=2000：

42)と述べていることからもわかるように，ハートは，はしごの上段にいくほどよいとも，子どもが決定へ参加しさえすればよいとも考えていない。さらに，ハートは，おとなの関わり方として重要なのは，「どんな子どもも自分の力量で望める最高レベルでの参画が選べるように，機会を最大限に」(Hart, 1997=2000：42) 与えられるような環境をつくることであるとしている。

このように，ハートの「参加のはしご」は元来，子どもの自主性に着目し，子ども参加を支えるおとなへの指標としてつくられたものであった。ところが，近年ハートのこうした想定を超えたところで，「参加のはしご」が一人歩きし始めた観がある。子ども参加実践が参加のどの段階に属するのかを「参加のはしご」をもちだしてレベル分けする傾向がでてきたのである[2]。

第2節　子ども参加支援実践論の展開

(1) ジョン「参加の橋づくり」

ジョン (M. John) はハートの「参加のはしご」について次のように述べている。

「はしごという比喩はアーンステインの「市民参加のはしごにおける8段階」をもとにしているが，父権社会的な伝統的観念を強化する」危険性があり，「おとなの助けにより子どもがエンパワーされメインストリームの社会へ持ち上げられ，市民となる」ことを無条件に是とする意味あいを含んでいる。しかし，子ども参加の実践を考えると，このような「強者から弱者への権利の供与」という子どもを受身の立場に立たせる古い権利モデルではなく，子ども自身が主体としてエンパワーされることでその力を変容させ，社会へ参加するというダイナミックなモデルが必要となる (John, 1996：19)。

この点を踏まえてジョンは，自らの子ども参加モデルを提唱している。ジョンのモデルは「参加の橋づくり (Building the Bridge of Participation)」(John, 1996：20) と呼ばれるものである (図2.2)。

「参加の橋」の下方には深い溝がある。これは，子どもの世界とおとなの社会との間には深い溝が横たわっていることを意味している。その溝の間に，3

図中ラベル:
- 子ども主体の活動
- 子どもたちへの教育活動
- ピアプレッシャー活動
- 子どもの世界
- 責任
- 団結
- 参加
- おとな社会

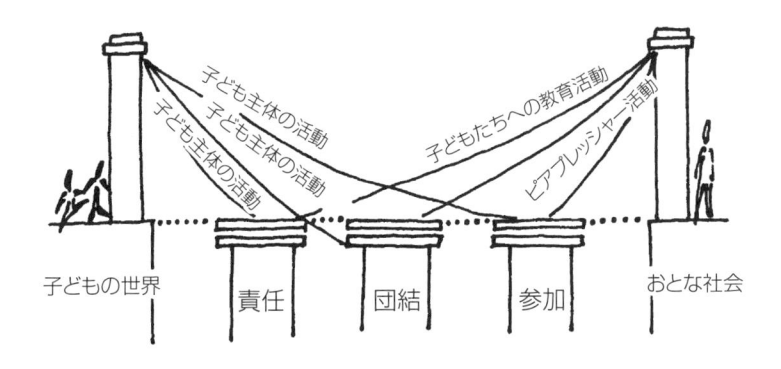

図2.2 「参加の橋づくり」(John, 1996)

つの柱[3]とそれをつなぐ3種類のロープによって橋が架けられている。3つの柱はそれぞれ「責任 (Responsibility)」、「団結 (Unity)」、「参加 (Involvement)」であり、3種類のロープは「ピア・プレッシャー活動 (peer-pressure activities)」、「子どもたちへの教育活動 (peer-education activities)」、「子ども主体の活動 (peer-led activities)」である。

まず、子どもたちは、主体的な活動に従事するものの、その活動に責任を意識していない状態にあるが、やがて、あらかじめおとなから教育された子どもによる、子どもへの教育[4]を通して、責任を意識するようになる。第2段階として、責任を意識した子どもの活動に向けて、おとなからの働きかけにより子どもグループの内部でプレッシャーを掛け合い、その作用で団結を強めていく。最後に、責任を意識し団結した子どもによる主体的な活動は地域社会へと広がりを見せ始め、参加の段階へと至る。このようにして、子どもとおとなを隔てる溝に橋がかけられ、子どもとおとなのコラボレーションができあがるのである。

権利のマイノリティである子どもは、こうした橋づくりによって生じる力関係の変化 (transforming) によって、建設的で洞察に富んだ関係を、おとなに対しても、また子ども同士の間でも築くことができるようになる。

以上のことからジョンは、ハート同様、参加におけるおとなと子どもの役割

を段階ごとに示しただけでなく，さらにハートの発想を超えて子どもとおとなの関係性(5)とおとなの働きかけによる子どもの変化のモデルも示したことがわかる。

確かにジョンによるこうした子どもの変化 (transforming) のモデルは，参加によって子どもがエンパワーされていくプロセスを理解する一助となる。しかし，このモデルは，その一方で，おとなの側がどのように子どもと関わっていくのかについてはあまりに雑駁に語ってはいまいか。

たとえば，子どもが主体的に「参加」している段階でのおとなの関わり方が，このモデルでは明示されてない。実際の参加事例を考えれば，子どもが主体として参加していても，おとなが支援者として関与し情報を提供することはありうる(6)。子どもとおとなの関係性を重視した子ども参加モデルであるためには，おとなの関わり方をより明らかにする必要があると考える。また，このモデルは子どもとおとなをそれぞれ集団として捉えているが，一人の子どもの視点に立った時，3つの柱と3種類のロープの意味に関して再度検討する必要が生じると思われる。

もうひとつの課題は子どもの主体的な活動に関するものである。ジョンのモデルは，「主体的な活動に従事するものの，その活動に責任を意識していない状態」からスタートしている。果たして子ども集団の中で自然発生的に主体的な活動が生まれるのであろうか。このことについて実践を通して，子どもが主体的な活動を始める前段階についても検討したのが次にとりあげる，フランクリンである。

(2) フランクリン「参加の11段階」

2001年12月，横浜で「第2回子どもの商業的性的搾取 (CSEC, Commercial Sexual Exploitation of Children) に反対する世界会議」が開催された。この世界会議においては，準備段階から一貫して子ども買春や児童ポルノなどの問題を解決する上で子ども・若者の果たす役割が重視されていた。1996年，ストックホルムで開催された第1回会議においても世界から子ども・若者が参加し，

その後2000年にマニラで開催された世界若者会議でも子ども・若者が中心となってCSECの問題に取り組んでいく姿が見られた。これは，国際ECPATが中心となって展開した国際若者参加プロジェクトによるものであるが，その一環として子ども参加を理論と実践の両方から検討し，*Standing up for Ourselves: A Study on the Concepts and Practices of the Young People's Rights to Participation* と題された本がまとめられた。

同書では，子ども参加実践の立場から，ハートのモデルには3つの問題点があることを指摘している。1つは，参加の各段階に関連した，子どもの参加能力が論じられていないこと，2つめは問題を理解する子どもの能力いかんにかかわらず，組織は参加の最も高い段階を目指さなければならないというような印象を与えること，3つめは「あやつり」「お飾り」「形だけ」など非常にどぎつい言葉を使用しており，たとえそれが状況を正確に把握した言葉であっても，子どもの権利にとって「非参加」と呼ばれるものが，全て有害なものであるかのような印象を与える，ということである（ECPAT, 1999：41-42）。

これに対し，同書はフランクリン（B. Franklin）の論考をとりあげている。フランクリンはRädda Barnen（セーブ・ザ・チルドレン・スウェーデン）が行った子ども参加の研究の中で，ハートのモデルをより洗練した。フランクリンはおとなと子どもの役割を定義し，参加を11段階に分けている。さらにそれを「非参加（nonparticipation）」「プレ参加（preparticipation）」「参加（participation）」の3つに分類した（Franklin, 1995）。参加の11段階（11 Levels of Participation）は，以下の通りである（ECPAT, 1999：42-43）。

【非参加】
　　0段階＝全く考慮されない：子どもは一切助けも得られないし，考慮もされない。無視されている状態。
　　1段階＝おとな支配：おとなが全てを決定する。子どもはやらなければならないことを命じられるだけである。

【プレ参加】
　　2段階＝おとなの優しい支配：おとなが全てを決定する。子どもはこれ

これをしなければならないと命じられ，理由を説明される。

3段階＝あやつり：何をするかはおとなが決定するが子どもに賛成するかどうか尋ねる。子どもは賛成しなければならない。

4段階＝お飾り：何をするかはおとなが決定する。子どもは歌や踊り，セレモニー的な役割を演じて参加する。

5段階＝形だけ：何をするかはおとなが決定する。その後，子どもは些細なことに関して決定することを許される。

【参加】

6段階＝募集：おとなは子どものアイディアを募集するが，おとなが自分たちにあった条件で決定する。

7段階＝相談：おとなは子どもに相談し，子どもの意見を慎重に考慮し，おとなが全ての意見を考慮しながら決定する。

8段階＝共同決定：おとなと子どもが対等に決定する。

9段階＝子どもが主導でおとなが助ける：子どもがおとなの助けを借りながら，決定を主導する。

10段階＝子どもが責任者：何をするか子どもが決定する。おとなは子どもが意見を求めたときだけ関わる。

　フランクリンの「参加の11段階」では，ハートの「参加のはしご」に比べ，各段階の子どもとおとなの役割が，より明確になっており，ハートのいう「非参加」は，フランクリンのモデルでは「プレ参加」に含まれている。このことは，ハートのいう「非参加」が，子どもの参加にとって常に否定的な要素となるわけではないことを示している。つまり，「あやつり，お飾り，形だけ」の参加は，子どもとおとなの関係性において参加の準備段階となりうるのであり，真の参加のきっかけとすべきなのである。

　一方で，フランクリンは，「子どものことが全く考慮されない」状態を「0段階」とし，「おとなが子どもを支配する」状況である「1段階」と合わせて「非参加」と呼んでいる。このとき，子どもは，おとなにとって目に見えない存在である。「プレ参加」が子どもの存在を認識し，少なからず考慮している

点を考えると，両者の間には大きなちがいがあるといえるのではないだろうか。

フランクリンもハート同様，意思決定が子ども参加の重要な鍵と考えているが，これとは全く別の視点から考えられたものとして次にホールダーソンの「参加の輪」をとりあげる。

(3) ホールダーソン「参加の輪」

前述の3つのモデルが，子ども参加に関わるおとなによって作成されたものであるのに対し，ホールダーソン（L. Halldorson）の「参加の輪（The Wheel of Participation）」（図2.3）は，子どもとおとなが共同してつくられたものである。「参加の輪」は，ユースのファシリテーターであるヒル（Brian Hill）によるワークショップでつくられた。このワークショップは1996年7月に南北アメリカから集まった子ども・ユース・おとなの参加のもとで開催されたものであった

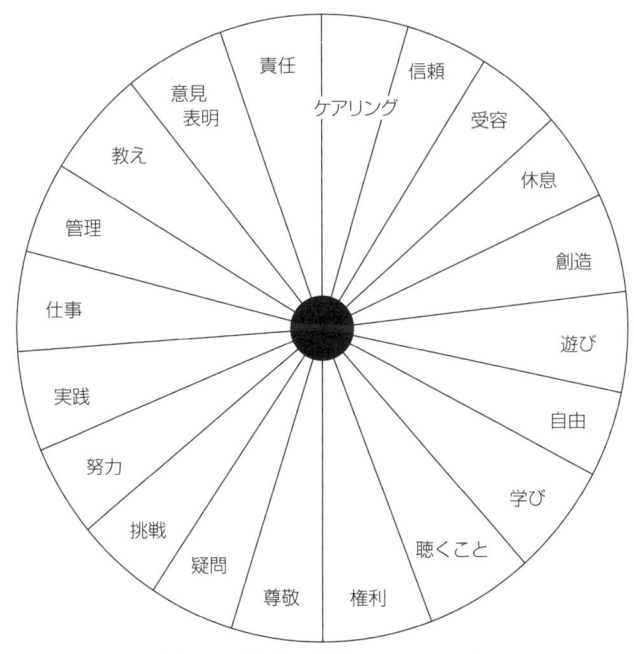

図2.3 「参加の輪」(Halldorson,1996)

(Halldorson, 1996)。

「参加の輪」は，すべてのものはつながっている，という考えに基づいている。人間はその生存と幸福のために互いが依存しあっている。参加とは，このつながりの中での，「与える (give)」「受け取る (receive)」というやりとりや相互依存である。「参加の輪」で示されるのは，子どもが家庭や友人関係，コミュニティに参加することで与えたり受けたりするもの (gift) である。これらはすべて，「意見表明 (expression)」には「きくこと (hearing)」が対応し，「教える (teaching)」には「学ぶ (learning)」が対応するように対を構成している。

そして，「時には聴くことは自分の意見を述べることよりも素晴らしい」ものとなることもあるし，「子どもが学ぶこともあれば，子どもが教えることも」ある。これはその時々の状況によって変化するのである。

「参加の輪」においては，参加の主体が受動性と能動性のどちらをも保有している。ホールダーソンは，共同決定を重視するハートとは別の次元で「参加の輪」を論じているため，ハートのはしごの比喩に示されるような下から上へというイメージもなく，子どもとおとなは対等な立場に位置づけられていることになる。状況によって主体の役割が変化するこのモデルは，セルビーのいう「トランスフォーマティブ (transformative) な参加」に当たるのではないだろうか。トランスフォーマティブな参加では，一人の子どもがある活動の中でダイナミックにその役割を変え，さまざまな役割を担う経験を通して現状を変革する力を持ち始める。そこでは，子どもの担う役割は決して固定したものではない。ときにはおとなの話に耳を傾け，ときにはおとなと対等に意見を述べる。子どもだけで何かを始め，決定を下すこともあるだろう。このとき，子どもは必ずしもハートやフランクリンのモデルにおける「参加」のレベルに達しているわけではないかもしれない。実践の場では，子どもの年齢や成熟の度合い，文化的差異，各々の能力によって「参加」と「非参加」の間をめまぐるしく移り変わるのであり，ある部分のみを抽出して「参加モデル」に当てはめるのは無意味となる (ECPAT, 1999：44-45)。

ヒルのワークショップでは，参加者同士で参加に対する認識が共有できてい

なかったこともあり，より一層の掘り下げが必要と考えられるが，参加を段階別に考えていくこれまでの3つのモデルとは違った視点を提供している点は興味深い。

第3節　子ども参加支援論の課題

(1)「非参加」と支援の意義

　ハートは子ども参加を支援するおとなへの指標として参加支援モデルとしての「参加のはしご」を考案したが，ジョンらは，それを踏まえつつ子ども参加実践のモデルを提示することになった。本来，両者は同列に扱うべきではなく，モデルに関する理論的な整理を行う必要がある。また，そもそもハートの「参加のはしご」が有している「参加支援」論の「一般化の限界」(喜多，2002b：58) について検討せずに，モデルを拡大していくことは危険であろう。この点について喜多は，「ハートの場合は，あくまで「コミュニティの環境参加」の枠組みにこだわっており，乳幼児などの世代の子どもを対象外にしてきた」と述べて，子どもの参加の権利保障の観点からより包括的な視点が必要であることを指摘している[7] (喜多，2002b：58-59)。

　上述したようにさまざまなモデルの差異から学ぶべきこともある。ハートの「参加のはしご」では，子ども参加に関わるおとな側の留意点として，「非参加」のレベルを避けることが重要であることが主張されているが，フランクリンのモデルではその「非参加」にも「プレ参加」という意味が見出されている。「非参加」と切って捨ててしまうか，次のステップへの足がかりとして捉えるかでは評価が大きく異なる。

　レイヴ (J. Lave) とヴェンガー (E. Wenger) は，「参加」と「非参加」という二項対立的な区別を行うのではなく，「正統的周辺参加 (Legitimate Peripheral Participation: LPP)」からゆるやかに「十全参加 (full participation)」へと向かっていくプロセスに着目して，両者の間で連続的に位置を変えていくことを学習と捉えた。レイヴとヴェンガーによれば，「実践共同体では，「周辺」だと指し

示せるようなところはないし,もっと強調していうならば,単一の核とか中心があるわけではない。中心的参加 (central participation) と言ってしまうと,共同体に個人の「居場所」に関しての中心(物理的にせよ,政治的にせよ,比喩的にせよ)が1つあることになってしまう。完全参加 (complete participation) と言ってしまうと,何か知識や集約的実践の閉じた領域があって,新参者の「習得」についての測定可能なレベルがあるかのようになってしまう」。そこで,「十全的参加 (full participation) と呼ぶことにした」と述べている (Lave and Wenger, 1991=1993-2003:11-12)。また,レイヴとヴェンガーによると,十全的参加は「周辺性の概念のある一側面を浮き彫りにしたに過ぎない」ものであり,周辺性は「積極的なことばであり,これに対するもっとも明確な概念上の反意語は進行中の活動への無関係性あるいは非関与性である」(Lave and Wenger, 1991=1993-2003:12) と述べている。このように,「正統的周辺参加」から「十全参加」へ移り行くプロセスは,参加者の関与の度合いが深まっていくプロセスである。

　徒弟制度を例にとれば,徒弟は状況に埋め込まれた学習によって知識や技能を習得し一人前になる。換言すれば,徒弟は状況に埋め込まれた学習をつみ重ねていくことによって「正統的周辺参加」から「十全参加」へと移行するのである。それゆえ,「正統的周辺参加」は,「非参加」として切り捨てられるべきものではなく,より深く参加するための前段階であり,実践共同体の成員となる上で不可欠のプロセスである。ここでは,学習とは,「文化的実践共同体への,正統的な,周辺からの,参加によって,その共同体の成員としてのアイディンティティを確立していくこと」である(佐伯,2001:36)。

　ハートが「非参加」と呼んだ段階は,フランクリンのいう「プレ参加」とレイヴとヴェンガーのいう「正統的周辺参加」に当たることを考えれば,まさにここにこそ,支援の意義が見出せるといわねばならない。つまり,ハートが「非参加」と呼んだ段階においてこそ,支援者による支えが必要なのであり,それは,「十全参加」に向けた学習を支えることになる。

　その際,子ども自身が,どう考えているか,どう感じているかにも注意を払

わねばならない。前述したように、「参加の輪」以外のモデルはもっぱらおとなによって考案されたものである。子どもの権利条約第12条に述べられているように「子どもに影響するあらゆることについて」子どもは意見を述べる権利を有するのであれば、子ども参加支援を考える際にも子どもの声が反映されて然るべきであろう。たとえ子どもが決定に参加し、意見を尊重された事例として、おとな側から見れば「成功」と思われる参加事例であっても、子どもにとっては必ずしも満足の行くものではない場合も多々ある。このことは「参加のはしご」から派生した「参加の橋」や「11段階」が、はしごのもつ上昇主義的なイメージを依然として残していることと無関係ではない。上へ行くことを目指すあまり、支援者たるおとなは子ども自身の声に耳を傾けることを忘れがちになる。

(2) ドリスケル「子ども参加の諸側面」とエンパワーメント

前述のようにハートの「参加のはしご」は、子ども参加支援の立場からその支援者であるおとなへの指標として考案されたものであった。一方、ジョンの「参加の橋」、フランクリンの「11段階」、ホールダーソンの「参加の輪」は、実践に基づいて子ども参加のありようをモデル化したものである。1999年、国連子どもの権利委員会が「参加には協議および子ども自身による主体的取組が含まれるがそれに留まらない[8]」と明言しているように、子ども参加はその多様性が広くを認められるようになった。意思決定に直結するものだけが参加ではない。そうすると、幅広くさまざまな形で参加が想定できるようになり、「参加の輪」のように上昇志向をイメージさせない発想もでてくる。

目の前の子どもにあった参加を考えるとき、子ども参加モデルは無限に考えうる。それらのモデルの長所や短所の分析に終始することから離れ、そろそろ、本来「参加のはしご」が目指していた子ども参加支援について議論を深めていくべき段階にきているのではないだろうか。

この点に関してドリスケル (D. Driskell) による「子ども参加の諸側面 (The dimensions of young peoples participation)」(図2.4) は示唆に富んでいる (Driskell,

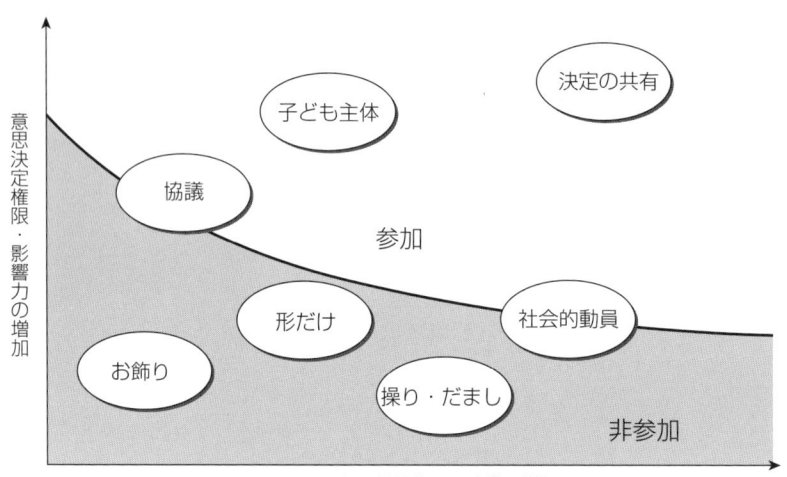

図中ラベル：
- 縦軸：意思決定権限・影響力の増加
- 横軸：コミュニティとの相互作用・連携の増加
- 参加：決定の共有、子ども主体、協議
- 非参加：社会的動員、形だけ、操り・だまし、お飾り

図2.4 「子ども参加の諸側面」(Driskell, 2002)

2002：40-42)。ドリスケルは横軸に「コミュニティとの相互作用と連携」、縦軸に「意思決定権限・影響力の増加」をとって「子ども参加の諸側面」という2次元のチャートを作成した。「お飾り」、「形だけ」、「操り・騙し」は「非参加」に、「協議」、「社会的動員」は「非参加」にも「参加」にもなりうる場所に位置している。「子ども主体」、「決定の共有」は「参加」である。

ドリスケル「子ども参加の諸側面」では「操り・騙し」は意思決定権・影響力という点では「お飾り」よりも位置づけが低いが、コミュニティとの相互作用・連携という点では位置づけが高くなっている。また、「子ども主体」は意思決定権限・影響力という点では上位にくるが、コミュニティとの相互作用・連携という点ではさほどでもない。これに比べると「社会的動員」は自発性の低い者も当然いると考えうるので意思決定権限・影響力という点でこそ下位にあるものの、その規模や人数の多さからコミュニティとの相互作用・連携という点では右にくる。

ドリスケル「子ども参加の諸側面」では、どこに位置する参加がよい、というわけではない。子どもたちの現実や直面している課題、達成したい目標や地

域のようすなどによってどの形態が最も適切であるかを，参加する子どもと支援するおとなが判断していくことが重要なのである。どの位置であっても，子ども参加は何らかの意味を有している。このことをきちんと理解することは，さまざまな背景をもつ子どもたちの参加を容易にするかもしれない。たとえば乳幼児期の子どもが，最初から「共同決定」を目指して参加するとなれば，その支援にはどのような方法があるのか人々は途方にくれてしまう。だが，たとえば何かのイベントに乳幼児が「社会的動員」によって参加すれば，「意思決定権限・影響力」という点で進展はみられなくとも，コミュニティにおいてその存在をアピールすることが可能となり，子どもがいることの意味を人々が理解するようになる。また，まちづくりに際して保育園児や幼稚園児と「協議」するような場合，「コミュニティとの相互作用・連携」という点では大きなインパクトはなくとも，「意思決定権限」の次元では無視しがたい影響を与えることになるだろう。このようにさまざまな形態の参加に注目することで，障害のある子どもや外国籍の子どもなど，参加しにくい状況に追いやられている子どもの参加を支えていく方法が模索できるのではないか。

　ハートの「参加のはしご」では示されなかったドリスケルの横軸は，参加が子どもにどのような意味をもたらすのかを明らかにし，社会全体を変革していく可能性を見えやすくした。子ども自身がどのような力をつけ，そして社会にどのようなインパクトを与えていきたいのか。参加による子ども自身と社会との力関係を示したドリスケルの「参加の諸側面」は，多様な参加と支援の形態が存在する中で，その根幹に据えるべきは子どものエンパワーメントであることを示している。つまり，子ども参加支援研究において問われるべきは，子どものエンパワーメントのありようなのである。

　本章では，「子ども参加支援」モデルであるハートの「参加のはしご」に再検討を加えた。その上で，「子ども参加」モデルを整理し，子ども参加支援理論は子どものエンパワーメントを機軸として考えねばならないことを示した。第3章では，子どものエンパワーメントについての理論構築と，エンパワーメントを支える支援者についてファシリテーター論を中心に検討する。

注

(1) facilitate は〜を容易にする，促進するという意味をもつ。子ども参加で重要な役割を担うファシリテーターについてハートは「いろいろなリソースがあることを知らせて子どもたちを助ける人」と述べている（Hart, 1997=2000：80）。パイクとセルビーはその著書の中で「「ファシリテーター」は自分自身の力を生徒に分け与え，より大きな力が生じるよう，いわば創造的な力の譲渡＝エンパワーメントを行う」と述べている（Pike and Selby, 1988=1997-2000：83）。

(2)「参加のはしご」を日本に紹介したことでも知られる喜多は，「「参加のはしご」に示された実践的な参加支援の理論は，条約を批准したのちの「子どもの参加」法制のもとで，「意見表明・参加の権利」の行使をどう具体化していくかで悩んでいた人々，「直接支援」がなければ実質的に子ども参加が成り立たない社会現実に直面している人々にとって恰好の「教材」となり，その結果「この「参加のはしご」が実践的にひとり歩きし，一般的な参加支援実践の水準を評価する目安としてまで活用しようという傾向が現れてきた」として，実際の参加実践をはしごの何段目かに当てはめようとする事例を紹介している（喜多，2002b：61）。

(3) ジョンは黒人のエンパワーメントのためのプロセスを説明した Steve Biko の考えに依拠して「責任」，「団結」，「参加」を用いた。

(4) ジョンは「子どもたちへの教育活動」について，「子どもはよく仲間同士で学び合うが，そのような教育のための台本はあらかじめおとなによって決定されている」（John, 1996：19-21）と述べ，子ども同士の学び合いの前提としておとなからの教育があることを示唆している。

(5) ジョンの「参加の橋づくり」について，子どもとおとなの関係性に着目したものとして，田代高章「子ども参加における関係性の質的発展について」，『岩手大学教育学部研究年報』，第59巻第2号，1999などが挙げられる。

(6) 後述するバーバラ・フランクリンの11段階では，「10段階」がこれに当たる。

(7) なお，喜多はハートが子どもの自治的・独立的営みの問題を，「自治的，独立的な参加が多く見込める十代後半の子どもについても，「参加支援」論の枠外の問題として慎重に避けてきた」として，子どもの自治的・独立的営みについて参加支援論の枠組みに加えるべきであると指摘している（喜多，2002b：60）。

(8) CRC/C/90, para.291 (w)

第3章　子ども参加支援者論

第1節　子どものエンパワーメント論の展開

(1) エンパワーメント概念の生成

　子どものエンパワーメントは，権利としての子ども参加の大きな目的であり（田代，2002：11），子ども参加支援に対する目的でもある。1995年の北京女性会議以降，エンパワーメントという言葉は，日本でもよく耳にするようになった。

　エンパワーメントのもともとの意味は，「権限の付与」，「力の付与」であり，西洋中世の教会勢力が領主に一定の権限を付与していたことに由来しているといわれる。久木田によれば「語源的には力を意味するパワー「power」に，「…にする」という意味をもつ接頭辞の「em」と，名詞形をつくる「ment」という接尾辞がついた英語である。動詞形は「empower」，形容詞は「empowering」」である（久木田，1998：10）。一方で，北京女性会議以降，日本でも使われるようになったエンパワーメント概念は，こうした語源とは別の潮流から生じ，ソーシャルワークに端を発すると考えられる。1950〜60年代のアメリカ公民権運動や1970年代のフェミニズム運動を背景に，1976年にソロモン（B. Solomon）が*Black empowerment: Social Work in Oppressed Communities*を著したことが，ソーシャルワークの世界においてエンパワーメントを新たに基本概念に据えて実践の検討が展開されるようになった契機であると考えられている（小松，2002：154）。小松によれば，ソロモンは，南カリフォルニア大学ソーシャルワーク大学院において「ソーシャルワーク専門職に見られる黒人に対する偏

見・差別を除去していく多様な取り組みがなされたなかで経験した知見をもとにして，黒人に対応するソーシャルワーク実践の視点と指針を示すことができる基本的枠組みを発展」(小松，2002：154-155) させようとし，エンパワーメントを「スティグマ化されている集団の構成メンバーであることに基づいて加えられた否定的な評価によって引き起こされたパワーの欠如状態を減らすことを目指して，クライエントもしくはクライエント・システムに対応する一連の諸活動にソーシャルワーカーがかかわっていく過程」と定義した (Solomon, 1976：19)。

エンパワーメントの視点から見ると，社会問題は，多様なパワーや対立する利害をもつ集団に現れる。この文脈においてエンパワーメントは，「権限の付与」，「力の付与」といった，単に個人が力をつけるという意味あいにおいてではなく，社会との関わりにおいてこそ論じられるべきものである。そこで，エンパワーメントを支援するにあたっては，パワーの重要性を理解せねばならない。パワーは，肯定的な意味では「①個人の人生行路に影響を及ぼしていく能力，②自己の真価を表現していく能力，③公的な生活の諸側面を統制するために他者と協働していく能力，④公的な意思決定メカニズムへアクセスしていく能力」であり，否定的には「スティグマを与えられた集団に対し機会を奪い，他者や彼らの関心を意思決定から除外し，他者を統制する手段」ともなりうるものである (Gutiérrez, Cox and Persons, 1998=2000：9)。

1990 年代に入って，ソロモンの概念を発展させたグティエーレスは，エンパワーメントを「個人がそれぞれの生活状況を改善するための行動を起すことができるよう，個人的，対人的，政治的なパワーを強めていく過程である」(Gutiérrez, 1990：149) とした。また，コックスとパーソンズは，「個々人がそれぞれの生活状況を構成する個人的，対外的，もしくは政治的な側面に挑戦あるいは変革する活動に従事すること」であるとした (Cox and Persons, 1994=1997：39)。

久木田と渡辺によれば，現在では，この言葉は，「社会福祉，発展途上国の開発，医療と看護，教育，ジェンダー，企業のリエンジニアリング，音楽，宗

教活動，都市のスラム開発などますます多くの分野で使われるように」なっており，さまざまな定義がなされているものの，「社会的に差別や搾取を受けたり，組織の中で自らコントロールしていく力を奪われた人々が，そのコントロールを取り戻すプロセス」をエンパワーメントという言葉で表すようになった（久木田・渡辺，1998：6）。

都市計画・地域開発の専門家としてラテンアメリカやアジアにおける開発に長年携わっていたジョン・フリードマンは，貧しい人々は8つの社会的基盤[1]から遠ざけられているために「社会的な力」を剥奪されていると指摘して，「力の剥奪」という観点からエンパワーメントについて論じている。そして，「力を剥奪されてきたセクターの人々に完全な発言権を与える場合には，ある一連の道筋を経る傾向がある」として，エンパワーメントを社会的・心理的・政治的側面から論じ，社会的な力の獲得によってやがて政治的エンパワーメントに至る道筋を示した。そして，その道筋に関して，フリードマンは次のように述べている。「まず社会的エンパワーメントの道筋が必要であるように思われる。例えば，社会的なエンパワーメントはとくにそれが女性に対する場合は，世帯での重労働からの解放につながるであろうし，そうしてかち取られた時間は，他のあらゆる余剰資源と同様，政治活動を含むさまざまな目的のために使われることになる。それは（例えばサンチアゴのタジュールに参加した女性たちのように）より大きな自信へとつながるであろうし，そうした自信には，文化的な制約（家父長制）や国家が設定した規約から外れて行動することへの恐怖に打ち勝つことによってもたらされる部分もある。しかし，そのようにして勝ち取った社会的な力は，最終的には，有効な政治的な力へと転換され，世帯や地域の利益が地方や国さらには国際政治をも含むマクロのレベルで訴えられ，守られ，認められるようにならなければならない」ものである（Friedmann, 1992=1995-2002：74-75）。

エンパワーメントのこのようなプロセスは，翻って，力を剥奪された者が抑圧され社会から排除されていることを示している。抑圧され非人間化され，「沈黙の文化」の中に埋没させられている民衆が「調整者」（たんなる教師では

なく，民衆の苦悩と希望を共有することによって自らの人間化を求めようとする「ラディカルズ」(2))の協力をえて，対話や集団討論による学習によって自らと他者との，あるいは自らと現実世界との関係性を認識し意味化する力を獲得しながら，自らと他者あるいは現実世界との関係を変革し人間化しようとする自己解放ならびに相互解放の実践――フレイレはこれを「意識化」と呼んだのである (Freire, 1972=1979, 1982：1)。

被抑圧者は，世界から孤立し，独立し，切り離され，排除された存在である。被抑圧者が自らの人生に参加する支援であるためには，「人間が自分自身の問題に批判的に向き合い」，「自分の力で自分自身の人間性を取り戻すのを助ける」支援でなければならない。言い換えれば，「民衆にまかせ，民衆が批判的に歴史過程にかかわっていくのを助け」，「民衆が新しい文化風土のなかでみずからの主体と責任と役割をかえりみる――まさしく彼ら自身の独自の省察力に気づくのを助ける教育の形態」が，エンパワーメントを促すには必要なのだとフレイレは述べる (Freire, 1967-1968=1982：40-41)。

それでは，子どもの権利論の視点からはエンパワーメントをどのように捉えればいいだろうか。フレイレらの考察を踏まえて，子どものエンパワーメントについて検討を進めたい。

(2) 子どもの権利論としてのエンパワーメント

子どもの権利論の観点からも，エンパワーメントという語は用いられるようになってきている。田代は，フリーマンの「人間としてその人間的権利を実現するための子どもたちの創造的可能性を引き出すこと」というエンパワーメントの定義と，フレッコイらによる「子どもたちを含めて市民が，サービスの受益者ないし援助者ではなく，自分たち自身が，様々な計画を運営し，かつ社会に生起していることを自らコントロールしていると実感していること」というエンパワーメントの定義を土台として，エンパワーメントを「子どもたちが，その内面に潜在的に備わる自己の可能性への信頼に支えられながら，自分たちに関わる生活を自ら自己決定し，創造的な社会を形成していくプロセス」と定

義した (田代, 2002：11)。

　森田ゆりは, empowerment の em は「内」を表す接頭語であり, power は「力」, ment は「動詞を名詞にする接尾語」であることから,「内」と「力」がエンパワーメントを理解する鍵であるという (森田, 1998：18)。そして, 人間が生来有している力に着目し, エンパワーメントとは「力をつけること」ではないとする。「もっとがんばって, もっと努力して, もっとセミナーに参加して, もっと外から力をつけることではない。力はすでにわたしたちの内にある」のである。森田によれば, エンパワーメントとは「力をつけることではなく,「力を回復すること」と言ったほうが, その本来の意味にずっと近い」(森田, 2000：29)。

　平沢安政は, エンパワーメントとは,「力を誰かにおすそわけする慈善行為ではない」とした上で,「差別や抑圧あるいは社会の否定的なまなざしにさらされることによって, 本来もっている力をそのまま出すことができず, いわば力を奪われた状態にある人が, その抑圧された力をいきいきと発揮することで, 能動的に自己実現や社会参加に向かっていくプロセス」であるとする。そのため, 平沢は, エンパワーメントを「支援する」ことはできても,「与える」ことはできない, という (平沢, 2000：11)。

　吉永省三は子どもの権利救済を例に, 子どものエンパワーメントを支援するとは,「子どもがさまざまな抑圧に抗して, 自らたたかうことのできる」ように支えることであるという。ここでいう子どものたたかいとは「状況変革への志向」とその「プロセスにおいてなしうる主体形成」であり, 救済は, おとなが子どもに一方的に与えることのできるものではなく, 子どもを支援することを通してなしうるものであるとした (吉永, 2003：110-111)。

　このように, 子どものエンパワーメントがことさらにおとなの場合とは別の文脈で語られる理由はなんであろうか。この問いについて考えるために, ジョンの分析をとりあげる。

(3) 子どものエンパワーメントの定義

ジョンは，ユニセフなどによる子どもの権利に関わるテーマ領域の3分類にもうひとつのPを加えた (John, 2003：45-49)。

① Provision（供与）
② Protection（保護）
③ Participation（参加）
④ Power（パワー）

ジョンは，自らが加えた4つめの Power について，ロウ（D. Rowe）の定義を用いて以下のように説明している。ロウによれば，power とは，「自分が現実を定義する権利が，他者が定義するよりも勝ること」(Rowe, 1989：16) であり，より簡潔に述べれば「他のものをどのように定義すべきかを定義する権利」(Rowe, 1991：159) である。これを踏まえてジョンは，「4番目のPは，保護や供与のニーズを満たすことではなく，「ニーズ」でもなく，自己を定義するという目標を実現するためのものである」と述べて，自己の経験を定義する権利と説明している (John, 2003：46)。これは例を挙げるならば，ストリート・チルドレンがストリートにくらしているというだけでさまざまなレッテルを貼られることを拒絶する権利である。自己を定義する必要性は，自己と世界との関わりがあってはじめて生じる。だが，子どもが自分の経験を独力で定義するのは，子どもとおとなの力関係を考慮すると，存外に困難かもしれない。そこには，おとなの価値判断が否応もなく入り込んでしまうからだ。

エニュー（J. Ennew）は，ストリート・チルドレンの支援実践者であり研究者である。エニューは，ストリート・チルドレンが自分のセクシュアリティをコントロールすること，性経験を自分で定義することによって，より主体的に自らの人生を歩み始めることを指摘している。エニューによれば，このとき，おとなが自分の価値判断で，子どもの性経験を解釈することは，子どもの権利侵害につながりかねない (Ennew, 2002：401)。

子どもの育ちには失敗や逸脱は避けて通れないものである。子どもが失敗や逸脱を犯したとしても自分の価値判断を子どもにおしつけないおとなに見守ら

れることによって，子どもは自己の経験を自分で定義することができるようになる。このことを通して，失敗や逸脱によって奪われた力，あるいは抑圧された力を回復することが可能となる。

　この回復する力はレジリエンシー（resiliency）と呼ばれ，性的虐待などの被害者へのケアに子どもの権利論からアプローチする際に用いられる概念である。こうしたケアにおいては，子どもが自分で何が必要なのかを決めることを基本として，おとなからの支援が行われる。また，おとなにとっては些細なことが子どもにとっては非常に大きな意味をもつというケースもありうることから，おとなが自分の価値判断に基づく決定を一方的に子どもに押しつけることはレジリエンシーを妨げる危険性もあるといえる。

　定義づけることの重要性については，対話について論じつつフレイレも次のように指摘している。「対話とは，世界を命名するための，世界によって媒介される人間と人間との出合いである。それゆえ，世界を命名しようと思う者とこの命名を望まない者との間には，また言葉を話すという他者の権利を否定する者と話す権利を否定されてきた者とのあいだには，対話は成立しない。自分の言葉を話すという本源的権利を否定されてきた者は，まずこの権利を取り戻し，非人間化という暴挙が続けられるのを阻止しなければならない」(Freire, 1972=1979-1982：97)。

　以上からわかるように，エンパワーメントは「力を与えること」ではない。エンパワーメントとは他者との関係性において成立する社会的概念である。そして，子どものエンパワーメントは，本来，内在する力を奪われた状態の子どもがその状態に気づくことから始まる。それは，子どもが侵害されている自らの権利に気づくことから始まるのである。

　子どものエンパワーメントとは，子どもが自らの権利に気づき，自己の経験を自分で定義することによって力を取り戻し，その使い方を実践を通じて学ぶことで，自己と社会を変革するプロセスである。このプロセスは子ども自身によって展開されるものである。このプロセスを促進し，それに寄り添うことが，支援者としてのおとなに求められている役割であるといえる。

(4) エンパワーメントを支援するおとなの役割

　すでに見てきたように，子どものエンパワーメントは，おとな一般のそれとは異なる文脈で論ぜられてきた。そこには，子どものエンパワーメントを支えるおとなの役割のあり方とその難しさが表れている。子どもは，権利の主体であると同時に，社会的支援の必要な存在でもある。ところが，子どもを支援するのは，ほとんどの場合おとなである。つまり，おとなである支援者は，子どもの権利を尊重し，権利主体としての子どもの形成をうながしつつ，支援をしていかねばならないのであるが，それは自然に進行していくような営みではない。なぜならば，おとなと子どもの間には，歴然としたパワーの差が横たわっているからである。

　平沢は「「子どもにとっての最善の利益」をおとな社会の論理で一方的に決め付けると，それはおとなによる管理に変質しかねない」と指摘している（平沢，2000：16）。つまり，おとなと子どもの間に横たわるパワーの差は，おとなによる子どもの管理を容易にするほどの差である。だからこそ，おとなはそのパワーの差を意識化しなければならず，「子どもの最善の利益」をおとなが勝手に決めることは許されない。吉永がいうように，「おとなの役割は，おとなたちだけで子どもが直面する問題を根絶するとか，おとなの十全な庇護の下に常に子どもを置こうとか，そういうことではない」のであり，「おとなはまず，問題や課題に対する子どもの参加を，不可欠な前提として受けとめなければならない」のである（吉永，2003：251）。

　逆の側面から，おとなと子どもの間のパワーの差へ無自覚であることに警鐘をならしたのは，平野である。平野は，「子どもとおとなの間に存在する権力関係，おとなとは異なる子ども特有のニーズ，そして子どもひとりひとりのニーズなどに対応した適切かつ十分な配慮は必要であり，やりすぎるということはない」としながらも「しかし，たとえば子どもの言うこと・なすことをすべて手放しで賞賛するばかりで，間違っていると思うこと，実現不可能なことをきちんと指摘せず流してしまうのは，子どもの意見をまったく無視・否定するのと同じくらい子どもを人間として尊重していないことである。それは，子

どもとおとながおたがいを高めあう機会を失うこと，奪うことにもつながる」（平野，2001：11）と指摘した。おとなのパワーを背景にして行われる，子どもへの過剰な賞賛は，平野も指摘するように子どもとおとなの双方からエンパワーメントの機会を奪うことにつながるといえる。

　子どもとおとなの力の差は，あまりにも自明であるがゆえに，時として語られない。喜多は，アーンスタインの「市民参加の梯子」では，7段「権限移譲」，8段「自主管理」まで理論化されているのに対し，「ハートの「はしご」はパートナーシップ的関係の枠内に留まっている」として「子どもと大人の関係はハートが言うほどに必ずしも予定調和的に維持されているとは限らないように思われる」と述べている（喜多，2002b：60）。加えて，子どもの自治的・独立的な営みを視野に入れ「おとな社会との利害関係において，利害不一致，意見衝突，ある種の対立関係をも包括すること，その力関係の中で「参加による不利な扱い」を生じる可能性があることが想定されなければならない」ことを，子どもの権利としての参加支援論は含むべきであるとした（喜多，2002b：60）。

　おとなによる子どものエンパワーメント―子ども参加支援の難しさはここにある。子どもとおとなの利害が一致しないとき，おとながパワーの差を考慮せずに，子どもと衝突したとしたら，そこでは子どもの権利が侵害される恐れが強いと考えられる。子ども参加支援論の観点から言えば，子どもとおとなの利害が一致しない場合も念頭にいれて，おとながどのような役割を求められるのかを考えねばならない。このことに関して平野は「差別されてきた当事者が社会の主流に参加しようとするとき，かならず摩擦が生ずるのは歴史の証明するところである。同様に，子ども参加を進めていくのも予定調和的な営みではありえない。味方のつもりでいるおとなたちが，その実，子どもたちを背中から撃っているという事態も生じうる。いっそうの模索とたえまないふりかえりが必要である」（平野，2001：13）と述べて，エンパワーメントを支えるおとなの役割として，「いっそうの模索とたえまないふりかえり」を挙げている。これはつまり，子どものエンパワーメントを支える子ども参加支援者には，実践と実践の省察が必要不可欠であることを，改めて突きつけているといえよう。

そこで次節では，子ども参加支援者論について，ファシリテーター論を手がかりに探っていく。

第2節　ファシリテーター論形成過程の分析

facilitateの語源は，17世紀ラテン語の「facilis（facereなす＋-ILE＝なしやすい）」，「facilit(y)（容易さ）」＋「ate（させる，する）」であると言われている。facilitatorは，「（物・事を）容易にする人」などと訳される。この言葉はまず臨床心理学で使われ始め，経営組織論，参加型学習論，成人教育論を経て看護教育論，建築，市民参加論，地域福祉論の各分野で注目を集めている。本節では，(1)で各種ファシリテーター論を概観した上で，子ども参加ファシリテーターの特徴を明らかにする。(2)では，子ども参加ファシリテーターと教師の役割が必ずしも乖離しないことを，子どもの権利論から論じる。最後に，子ども参加ファシリテーターに求められる専門性について，状況的学習論における実践知と成人教育における省察の概念を手がかりに，考察を試みる。

(1) ファシリテーター論の形成
①ロジャース理論におけるファシリテーター

子ども参加ファシリテーターである山本が「ファシリテーターの役割・技術は，エンカウンター・グループ，Tグループ等のグループワークの分野を参考にすることができる」（山本，2000：71）と指摘しているように，ファシリテーター論の系譜はロジャース（C.R. Rogers, 1902–1987）のエンカウンター・グループにまでさかのぼることができる。

ロジャースは，1946年からカウンセラー養成のため集中的グループ体験をとりいれた手法を用いていた。1960年頃からベイシック・エンカウンター・グループという名称を使用するようになり，ここからエンカウンター・グループという名称が使われ始めた。エンカウンターとは「出会い」であり，エンカウンター・グループでの活動は，小集団の中で人との出会いを体験することに

より，参加者の人間的成長を促すことをねらいとする集団活動である。日本では，1970年に京都で実践が行われて以来，数多くの研究が行われてきた。エンカウンター・グループにおいては，「ファシリテーター（促進者）は，一般的な意味でのリーダーや進行係ではなく，カウンセラーの基本的態度としての受容，共感的理解，率直さを率先して示し，メンバーが「今，ここで」の体験に開かれ，グループと個人の人間的成長への潜在力を発現するように機能する」（池田，2000：434）ものとされている。つまり，エンカウンター・グループにおけるファシリテーターは，グループや個人の力が出せるような場を創出する役割を担っている。

②経営組織論におけるファシリテーター

経営組織論においても，近年ビジネスにおける新しい形のリーダーとして，また問題解決のためのコミュニケーションを担う者としてファシリテーターが注目され始めた。

従来型のリーダーシップでは，高度化し，専門化し，技術革新のめまぐるしい現代社会における企業のリーダーとしては生き残っていけない。そこで注目され始めたのがファシリテーター型リーダーである。ファシリテーターは，「中立的な立場で／チームのプロセスを管理し／チームワークを引き出し／そのチームの成果が最大となるように支援する」人である（Rees, 1998=2002：3）。

また，ビジネスは組織で行うものであることから「組織のパワーを最大限に引き出し，高度な問題解決に導く」ことをファシリテーターの役割とし，「あらゆる問題解決に欠かせないコミュニケーションの技術」をファシリテーションと定義する（堀，2003：15）。ファシリテーターは，プロセスをコントロールし，組織の意思決定の質を上げ，メンバーに学習を，組織に成長を促していく。

ビジネスモデルにおけるファシリテーターは，従来型のリーダーのようにもっぱら上から下への関係に依拠するのではなく，チームワークを引き出したり組織に成長を促したりする点で水平的な立場に身を置いているといえる。

③参加型学習におけるファシリテーター

学校教育，社会教育，国際交流，NGOなどの関係者を対象とした研修など

との関連で，参加型学習，ワークショップといった言葉を目にすることが多くなった。山西優二は，参加型学習を「学習者の社会参加をねらいとする学習であり，またその参加を実現するための多様な方法・手法によって特徴づけられる学習」(山西，2002：387) と定義した。

　三宅隆史は，参加型学習の特徴をノールズ (M.S. Knowles) のアンドラゴジー・モデルとの類似に見出している。参加型学習では「指導者中心よりも学習者中心，学習者の経験・知識重視，教科中心よりも問題中心，知識増大よりも技能の発達や態度・価値の改善，内容よりも過程，一斉授業よりも小集団の相互学習」が重視され，「参加は，それ自体が一つの目標」とされるからである (三宅, 2004：240)

　参加型学習では，指導者の役割が重視されている。参加型学習では，「アクティビティを効果的に進行させ，学習者の考えや意見を引き出すことが指導者の役割であることから」指導者は「ファシリテーター（促進者）」と呼ばれる (三宅，2004：240)。ファシリテーターは，「対話を生み出すためのきっかけづくりとしていくつかの手法[3]を活用し，学習者の経験・知識・意見を引き出しつつ学び合いに参加していることが求められる」(山西，2002：388)。山西の指摘からわかるように，対話過程における学習者とファシリテーターは双方が主体であることによって両者の対等性[4]が成立することになる。

④成人教育論におけるファシリテーター

　クラントン (P. Cranton) は，成人教育に従事する教育者の役割を12に分類した (Cranton, 1992=1999-2006：89-142)。12の役割は，「専門家，計画者，教授者，ファシリテーター，情報提供者，学習管理者，モデル，メンター，共同学習者，改革者，省察的実践者，研究者」としての役割であり，1番目の役割から順に「他者決定型」から「自己決定型」を経て「相互決定型」へと色合いが変化している。なかでも，クラントンが「教授者としての役割が高等教育と関連が深いことと同様，ファシリテーターとしての役割は成人教育と関連が深い」と述べている点は注目される (Cranton, 1992=1999-2006：104)。クラントンによれば，成人教育に従事する教育者の多くが自らをファシリテーターと呼ぶ

のは，教育者による管理を意味する「教授者」や「教師」という言葉を避けるためである（Cranton, 1992=1999-2006：104）。

　クラントンによると，ファシリテーターの役割は「学習者が表明するニーズに応えて学習者の成長と変化を励まし支えることである。指示したり，管理したり，学習者が何をどう学べばよいかについての考えを押付けたりはせず，学習者がやりたいことの手助けをする」ことである。また，クラントンは，ファシリテーターの役割に関連が深い行為として「学習者とやりとりをする，効果的なグループ・プロセスをはっきり支持する，情報を提供する，学習者を励ます，学習者との信頼関係を築く，判断を下さない，質問をする，学習者間のやりとりを要約する，学習者をあるがままに受け入れ尊重する」ことを挙げ，自らの理論的基盤がロジャース心理学であることを確認した（Cranton, 1992=1999-2006：105）。

　ファシリテーターの以上のような役割を認めつつも，クラントンは，①学習者が自己決定的でなかったり，自己決定学習の経験がない場合は，ファシリテーターの役割が効果的に果たされないこと，②学習者の「表明しているニーズ」と「真のニーズ」を見極めてファシリテートすることが困難であること，③学習者が特定の技能を獲得しようとしたり基礎的な事実を理解しようとしている状況にはそぐわないこと，の3点を問題点として指摘した（Cranton, 1992=1999-2006：105-107）。

　だが，これらの3つの問題点の指摘は，ファシリテーターの役割を決して否定するものではない。ファシリテーターの役割以外の教育者の役割に重点を置きつつも，学習者の変化に応じて，ファシリテーターとしての役割を時折発揮することもあってよいし，12の役割がどれも必要となる場合も想定できる。このことに関して三輪は，成人教育において「ポスト・アンドラゴジーは，アンドラゴジーを前提にした上でその延長線上に，つまり，おとなの学習者のニーズを丁寧に聴き，自己決定性を尊重するファシリテーターとしての取り組みを進めた上で，その次に，おとなの学習者のニーズの根拠をともに考え，問いかけ，問い直す共同作業にならなければいけないと思う」として，クラント

ンが教育者の役割のひとつに分類しているファシリテーターの役割を再評価している（三輪，2006：316）。なお，クラントンは、「教育者が意識して使うもっとも価値ある役割は，省察的実践者と研究者の役割」であるとして，成人教育においては省察的実践者の役割を教育者の重要な役割として位置づけている（Cranton, 1992=1999-2006：142）。

⑤共通点

これまでに挙げたファシリテーター論に共通しているのは何だろうか。

ひとつには，対等性である。従来のカウンセラーとクライエント，リーダーとメンバー，教師と生徒，教育者と学習者といった，上下関係をできる限り排した関係性を創り出すことでファシリテーターは仕事の効果を高めると考えられている。

次に，「力を引き出す」という点である。経営組織論ではチームや組織の力を最大限引き出し，参加型学習では学習者の有する知識・経験・意見を引き出すことがファシリテーターの役割となる。ロジャース心理学およびクラントンの成人教育論では，受容と共感的な態度によって，クライエントや学習者のあるがままを出せるような場をつくりだし，そのことでクライエントや学習者の力や意見を引き出すことが重視されている。

(2) 子ども参加ファシリテーターの固有性

子どもの権利としての参加を支える，子ども参加ファシリテーターは，自治体やNGO/NPOを中心としてその必要性が高まってきている。さまざまな場面で活動するファシリテーター一般の役割と，子ども参加ファシリテーターに特有の役割のちがいはなんであろうか。

子ども参加ファシリテーターに関しては多くの論者によって，これまでの子どもに関わる専門職とは異なる専門性を有する，という指摘がなされている。たとえば，赤池学らは，子ども参加の「触媒としての役割，これからの時代はそうしたファシリテーターこそが望まれる」として，これまでの子どもに関わる専門職とはちがう点を「触媒」という言葉で表現した（赤池・中雄・金谷，

2000：19）。

　ハートは，子ども参加ファシリテーターは「知識を伝える人として働くのではなく，子どもが自分たちで活動できるよう舞台を整え，そのことによって子どもたちを助ける人である」とした（Hart, 1997=2000：80）。子ども参加ファシリテーターの役割を果たす人は，ヨーロッパではアニメーター（animator, 元気づける人，息を吹き込む人），ラテンアメリカではプロモーター（promoter, 推進する人，促進する人），ストリートチルドレンとともに活動する場合はストリートワーカー（street worker），冒険遊び場ではプレイリーダー（play leader）と呼ばれることもある。呼称は異なっていても，いずれも，従来の子どもの専門職とは違う役割を果たしており，子ども参加ファシリテーターが備えているべき資質は，「教師や子どもとともに活動する訓練を受けてきた人の多くが従来もっている資質と同じものではないことは明らか」である（Hart, 1997=2000：80）。

　とはいえ，子ども参加ファシリテーターは知識や技術を軽視してかまわないというわけではない。「子どもたちが自分自身で問題を発見し，その答えを見つけ出すようにするためにこそ，ファシリテーターは知識や技術を使うべき」（Hart, 1997=2000：80）だからある。そしてまた，「ファシリテーターにとっては，グループを継続して親しい友達ではない人々とも一緒に仕事をすることの価値を，グループのなかでよく話し合うことも大事」（Hart, 1997=2000：51）であり「皆がどの考えも受け入れられると思っていることを確かめ，考えがどんなにとっぴに見えても批判めいたことを言ってはならないことをときどきグループのメンバーに思い出させなければならない。ほかの人の考えのうえにさらに考えをつけ足してもよいと再確認することも大事」（Hart, 1997=2000：53）である。

　こうした知識や技術は，教師に代表される子どもの専門職が使っているものとは異なるのだろうか。パイクとセルビーは，教師もファシリテーターもともに，組織の構造を通じて他者に影響を与えるような，非個人的な力を用いるが，生徒のもっている力に対する関わり方が両者の間では異なると指摘する。つまりは，知識や技術そのものよりも，その使い方が異なるのである。パイクとセルビーによれば，「「教師」は，生徒の自治を踏みにじり，生徒の個人的な力を

制限するための武器として，非個人的な力を使いますが，「ファシリテーター」は，個人的な力（自己認識に根ざした，基本的には私的な力，価値観や創造力，満足感のもとになる）や人間関係から生じる力（他者と直接向き合う関係から生じる力）が創造的に発揮されるよう促します。「ファシリテーター」は，自分自身の力を生徒に分け与え，より大きな力が生じるよう，いわば創造的な力の譲渡＝エンパワーメント」を行う（Pike and Selby, 1988=1997-2000：83）。

　子どもたちの力を引き出すという点においても，子どもたちの潜在的な力や奪われている声を取り戻すという意味で，また，対等な関係性を創り出すという点でも，教師とファシリテーターに期待されている役割は共通している。異なるのは，子ども参加ファシリテーターは，子どもとおとなの間に横たわる力の不均衡が，避けられないものであることを留意しなければならないことである。つまり，力の不均衡状態から対等な関係性が創り出されるためには，子ども参加ファシリテーターによる意図的な支えが必要なのである。ハートは，ファシリテーターが「心しておくべきとくに大事な原則は，ファシリテーターというのは，グループの「ペン」であるにすぎないということである」と述べている（Hart, 1997=2000：51）。

　子ども参加ファシリテーターは，子どもの権利としての参加を支援することを忘れてはならない。権利としての子ども参加は，自己決定とそこから育まれる共同決定を土台としていることはすでに述べた通りである。支援者である子ども参加ファシリテーターには，力の不均衡に留意しつつ子どもの力を引き出すことあるいは力を回復していくことと並んで，子どもが自己決定主体となるプロセス ── 子どもから見れば学習のプロセス ── を支え，他者との共同決定を促し，社会変革へとつなげていくという固有の役割があるといえる。

第3節　教師と子ども参加ファシリテーター

(1) 教師と子ども参加ファシリテーター

　参加型ワークショップのファシリテーターである中野民夫は，教師にファシリテーターの役割は望まないと述べている。中野は，ファシリテーターと子どもとの対等性を踏まえたうえで，「「先生」という立場は個人の資質にかかわらず，日本の学校制度の中でどうしても上に立つ権威を帯びている」とその理由を指摘している（中野，2003：170-171）。

　一方，同じく参加型学習について，山西は「参加型学習における教師の役割は，知識詰め込み学習での教師の役割と大きく異なることになる」と指摘し，参加型学習における教師は「学習者が，世界の現実を見据え，自分と世界との関わりに気づき，そして自分がその世界に主体的に参加できる楽しさ，またその世界の変革・創造に参加できる楽しさ」をもたらすことが求められている，と述べている（山西，2002：388）。

　教師の役割をめぐってこのように見解がちがっていても，参加型学習は社会変革につながると捉える基本的な考え方は同じである。中野も，ファシリテーターによる支援型のリーダーシップを「ゆっくりと深いところで大きく社会の枠組を変革」する「静かでやさしい「革命」」と評している。ところが中野は「ワークショップ的なことは社会教育などへ任せてもいいのではないか」とし，学校現場へのワークショップやファシリテーターの本格的導入そのものに困難があると述べている（中野，2003：169-170）。

　果たして，学校現場において教師がファシリテーター的役割を担うことは，それほどに困難なものであろうか。ハートは，「ファシリテーターの養成も必要だが，学校でファシリテーターの役割を担えるような教師も，もっとたくさん必要である。学校は子どものためのもっとも一般的なセンターであり，地球規模の変革を起こすもっとも大きな可能性を持っている」と述べて，学校でファシリテーター的な役割を担う教師が必要だと主張している（Hart，1997=2000：82）。

パイクとセルビーは，グローバル教育を担う教師は，ファシリテーターとしての役割を求められ，また，その役割は教室のみにとどまらず学校，外の地域へとつながっていくことを示した (Pike and Selby, 1988=1997-2000: 82-85)。すでに述べたように，パイクとセルビーは，「自分自身の力を生徒に分け与え，より大きな力が生じるよう，いわば創造的な力の譲渡＝エンパワーメント」を行う者としてファシリテーターを位置づけた (Pike and Selby, 1988=1997-2000: 83)。教師とファシリテーターの区別は，単なる言葉のちがいではなく，教室における力関係のあり方のちがいを反映しているというのである。パイクとセルビーは，子どもの権利を尊重し，エンパワーメントにつながるよう，教室の中の力関係を組み替えることを提案しており，教師がファシリテーターの役割を果たすことによって中野の懸念する学校制度そのものの変革がもたらされることをも視野に入れようとするものである。

(2) 教師の指導とファシリテーターによる支援の共通性
　いまいちど，教師の指導とファシリテーターの役割について教育の価値志向性[5]という観点から考察を加えたい。
　国連・子どもの権利委員会の一般的意見第1号「第29条1項：教育の目的」では，「子どもの権利条約第29条1項は遠大な重要性を有する。そこに掲げられ，すべての締約国が同意した教育の目的は条約の核である価値観，すなわちすべての子どもに固有の人間としての尊厳，および平等かつ不可譲の権利を促進し，支援し，かつ保護するものである」[6]として，子どもの権利条約の実施において教育の果たすべき役割の重要性を指摘した。加えて，「教育を，子ども中心の，子どもにやさしい，かつエンパワーにつながるものでなければならないと力説」[7]し，教育が子どものエンパワーメントという価値志向性を有するものであることを示した。
　教育が子どものエンパワーメントという価値志向性を有するものであるならば，教師の指導もまた，同様の方向性を有していなければならない。この意味で，教師の指導はファシリテーターによる支援と決して相反するものではない

といえるだろう。

　また，子どもの権利条約では，教師の指導に関して直接的に触れた項目はないものの，子どもの権利行使と親の指導の尊重について定めた項目から教師の指導について推測することができる。

　第5条は，親には子どもの権利行使について「適当な指示および指導」を行う責任，権利および義務があることを規定している。そこでいう「適当な指示および指導」から類推するに，教師の指導もまた，子どもの権利行使を可能とすることを趣旨とするものであると考えられる。子どもの権利行使を可能にする「適切な指示および指導」とは，子どものエンパワーメントを促進する基本的条件にほかならず，したがって上述した教育の価値志向性と衝突するものではない。

　加えて，日本の教育現場が直面する課題と，それに伴う学校・教師の役割変化も見逃せない。市川博は，近年高度な科学技術の発達による知識体系の変化とそれに伴う知識総量の増加によって，生涯にわたって学びつづけていかない限り社会生活に対応できなくなってきたことを指摘し，これにより教師の役割は知識を教え込むことから，必要な知識を獲得し，新たな知識を生み出し，問題解決に生かしていく力を育むことへと変化しつつあると述べている（市川，2002：27-33）。これはまさに子どものエンパワーメントにつながっていくものであり，エンパワーメントのための学びを促進する役割が教師に期待されるのは明かである。

第4節　子ども参加支援者に求められる専門性

(1) 子ども参加支援実践における実践知の意義

　子ども参加ファシリテーターに代表される，子ども参加の支援者に求められる専門性とはどのようなものであろうか。果たしてそれは，技術として列挙できるものであろうか。子どもが生まれながらに有する力を取り戻すという子どものエンパワーメント論や，ファシリテーター論を踏まえて，ファシリテー

ターについて考察すると，子どもの内に在る力を引き出すことが，子ども参加支援者の役割のようにも思える。

　日本が子どもの権利条約を批准して14年が経過し，NGO/NPOを中心として子ども参加支援もひろまりつつある。このようななか，この「引き出す」という言葉が独り歩きしてしまっているように感じる。子どもが話しやすい雰囲気をつくるためには，まず，アイスブレーキングが必要である。ランキングやフォト・ランゲージ，ロールプレイなど参加型の技法を駆使して，子どもたちを惹きつけ，そこから子どもの意見を引き出さねばならないというような思い込みがないだろうか。

　ファシリテーターが，「自由に意見をいってよい」といいつつも，子どもの発言を抑制する雰囲気をかもし出していたり，発言を否定したりする問題は，技術論で解決できるであろうか。「意見表明権があるのに，意見をいわないのはおかしい」と，発言を強要してしまったらどうだろうか。

　ファシリテーターは，助産師にたとえられる。助産師は，出てこないからといって，赤ちゃんの頭を無理矢理引き出すようなことはしない。助産師は，陣痛が弱ければ，歩き，階段の昇り降りをするよう妊婦に促す。妊婦の腰を暖め，赤ちゃんが降りてきやすいような工夫をほどこし，出産の準備を促す。助産師の役割は，そうやって降りてきた赤ちゃんを取り上げることであって，無理矢理引き出すことではないはずだ。

　こうした見地から，子ども参加の支援者に求められる役割を再考してみたい。

　実践を通して獲得する知を実践知というが，実践知はあらかじめラベリングされて可視化されているものではない。オーストラリアの人権委員会教育部長を務めたこともあるペットマン（R. Pettman）は，人権教育における参加型学習に必要なものは，「思いやりのある学級経営をしている教師であれば即座に認識できる，あるいは多かれ少なかれ「直感的に」すでに活用している，そんな教育手段」であると述べている（Pettman, 1986=2002: 34）。

　ペットマンの指摘するように，無意識のうちにその役割を果たしている教師も確かにいるだろう。また，意識的に子どもの権利を尊重していく中でファシ

リテーター的な役割を果たしている教師もいる。それは，ファシリテーターの実践知が全く目新しいマニュアルを必要とするものではないことを示していると同時に，依然として状況に埋め込まれた暗黙知として存在することを意味している。

　ポランニー（M. Polanyi）は，人間の知識について再考するにあたって，その出発点をは「我々は語ることができるより多くのことを知ることができる，という事実」であるとした。たとえば人はさまざまな顔の表情から気分を認知するが，なにをしるしとしてそれを認知するのかは曖昧にしか語ることができないのである（Polanyi, 1966=1980-2003：15）。言葉にして語ることのできないこうした暗黙知は，どんなにすばらしいものであろうとも，そのままにしておくと，誰にも把握されず，伝承されない。ペットマンのいう「直感的に活用している」教育手段は，言葉として語られなければ，永遠にその人個人の直感にとどまり，感性が鈍れば活用されないこともあるだろう。子どもの参加の権利を保障するにあたっては，曖昧で不安定な直感に頼ることはできるだけ避けたい。

　そこで，暗黙知を把握するには，省察的実践について検討せねばならない。

(2) 子ども参加支援実践における省察的実践の意義

　子ども参加の支援者には，あっという間に子どもを惹きつけ，心を掴み，適度な距離を保ちつつも，子どもから信頼される存在となれる者がいる。そうした子ども参加支援者たちにその実践のわざについて尋ねても，「なぜだかわからないんですよ」，「なんとなく」と答えるばかりで，自分のもつわざを明確に説明できる者はまずいない。このようなわけで，「あの人だから，子ども参加支援はうまくいっているのだ」，「あの人が，すごいのだ」という羨望のまなざしを向けられたりする。子ども参加支援者に対する社会的なニーズとその力量形成に関して桜井高志は，「現状では，ファシリテーターは職人的な個人の能力としてしか認識されていない」として「現状の職人的な存在をより一般化していく工夫が求められる」と指摘している（桜井，2006：19）。

　桜井のいう「職人を一般化する工夫」について考えるには，ショーンの理論

が参考になる。ショーンは，職人を「技術的熟達者」と呼んだ。ショーンのいう「技術的熟達者」は，わざの内実を問われても説明を拒み，あるいは霞の中に隠してしまう。それゆえその内実が明らかにされることはなかった。ショーンの指摘は重要である。「メジャーな位置であれマイナーな位置であれ，省察的な契約は，そのプロフェッショナルにはなじみのない能力を要求する。プロフェッショナルは通常，熟練者の役割を演じることが期待されるが，省察的な契約においては折にふれ，彼の不確実性をあらわすことを期待される。通常，プロフェッショナルはみずからの専門的な熟達を秘匿し，神秘なままにしておくことを期待されるのに対し，省察的な契約では，自分自身の「実践の中の知」を公開して省察し，クライアントと向き合うことのできる存在に身を置くことが期待される」(Schön, 1983=2007: 316)。このように，ショーンは，実践の中で得られる実践知を意識化していない者をプロフェッショナルとして評価していない。

　すぐれたプロフェッショナルとは，自らの実践知を意識化し，他者に語り，世界に開くことができる者である。ショーンは，「行為の中で省察するとき，そのひとは実践の文脈における研究者となる。すでに確立している理論や技術のカテゴリーに頼るのではなく，行為の中の省察を通して，独自の事例についての新しい理論を構築するのである」(Schön, 1983=2007: 70) として，既成のノウハウに頼るのではなく，暗黙知として状況に埋め込まれていた知を自らの実践を通して掘り起こし，そこから新しい理論を構築していく可能性を示唆した。

　ショーンは，プロフェッショナルのふだんの仕事は，「暗黙の，行為の中の知の生成」に頼っているという。ショーンによれば，有能な実践者は「合理的で的確な指摘や，完璧な記述ができないような現象であっても，それを正しく認識することができ」，「日々の実践の中で，適切な判断基準を言葉で説明できないまま，無数の判断をおこなっており」，「規則や手続きの説明ができないまま，自分の技能を実演して」いる (Schön, 1983=2007: 50)。そして，このような行為そのものを，時にはその行為を行っている最中に意識化し，ふりかえることによって「暗黙のままでなく表に出してそれを批判し，再設定し直し，将来

の行為の中で具体化する理解についても省察するようになる」のである (Schön, 1983=2007: 51)。

　以上のように，省察的実践の意義とは，自分の信念の根拠，前提を意識化し，そこから生じる自らの意識変容を実践の過程に位置づけることにある。すでに述べたように，子どもとおとなの間に明確な権力差が存在する子ども参加支援の場面において，このことは特に留意すべきことである。「子どもにとってよかれ」という暗黙の前提が，子どもの最善の利益にはつながらないことは多々ある。このおとな側の前提を意識化した上で，子どもの権利としての参加を支援するためには，省察的な実践が不可欠であることを再確認したい。加えて，暗黙知として各人の中に埋め込まれているわざを，実践知として社会にひらいていくことは，実践が子どもの権利保障につながっているのかどうかを検証する機能も有している。それは，また，支援者同士で力量を形成してゆく場にもなりうるものとして注目される。

(3) 子ども参加支援実践における参照枠

　現在の日本社会では，専門職に対する社会的要請として，「危機管理」の要素が高まっている。

　西野博之は，川崎市にある NPO 法人フリースペース「たまりば」の代表である。「たまりば」は，西野をはじめとしたスタッフの存在をありのままに包み込む「生きているだけですごい」というまなざしに，さまざまな背景を有する子どもとおとなが集う居場所である。この居場所は，不登校の親子が直面する状況から生まれた。1991 年に「たまりば」を始めた頃には，スタッフの教員免許の有無を訊かれ，今では，臨床心理士の資格をもつスタッフが何人いるのかが問われるという。西野は，「たまりば」と同様の NPO 法人などのスタッフに，「危機管理」の名目で「専門性」の獲得が迫られ始めたこと，スタッフ自身が「専門性」を有していないことへの不安にかられるという状況に警鐘を鳴らしている。誰がいてもいい居場所であるにもかかわらず，発達障害，境界性人格障害，ひきこもりなどさまざまなレッテルを貼ることで「専門機関に

行ってもらおう，という形の排除」が生み出されているのである（西野，2002：45-52）。

　居場所に集まる人々の多くが，お互いに差別せず，だれも排除しないよう心がけてきたのであって，そこでは「資格・専門性」は批判の対象であった（篠原，2002：52）。そして，不登校などの現象を心や家族の問題に帰着させる「専門性」の役割に対して異議を唱えてきたのである（小沢，2008：193-212）。にもかかわらず，居場所において「専門性」が求められるとはどういうことなのか。けんかをしたり自傷行為に走る子どももいる。服薬をしながら居場所にやってくる子どももいる。何か起きたらどうするのか，という不安はあろう。スタッフはこの不安を克服すべく心理学の研修に参加する。そこには，社会的認知度が増した居場所に教育行政さえもが介入し，それにより居場所が管理社会に取り込まれそうになっている姿がある（小沢，2008：204）。

　ここで求められている「専門性」は，心理学や精神医学といった，行動主義の流れをくむ知識の獲得によって確保されると思われているのである。看護の現場でも，居場所と同様のことが起こっている。それは，「命を預かっている者は事故を起こしてはならない」ということと「職業的専門性とは何か」ということとの葛藤である。「事故を起こしてはならない」から徹底的に訓練してマニュアルを習得させることに，佐伯は異論を唱えている。事故や間違いが起こるのは，個人の問題ではなく，相互のコミュニケーションや共同作業がうまくいかないためだからである。事故の原因を固定的に探るのではなく事故がどのような関係の中で起こったのかを関係論的に見ていく状況的学習論こそが重要となるのである（佐伯，2008：388-389）。

　それと同時に，佐伯は，実践の場に必要なものとして参照枠を挙げる（佐伯，2008：391）。参照枠とは，実践において状況を読み取る際の，判断のよりどころとなるものである。子ども参加支援実践において，支援者には資格制度も系統だった研修制度もない。しかし，だからといって，専門性が必要ないというわけではない。子ども参加支援者に必要な専門性は，行動主義に基づきあらかじめ体系化され，マニュアル化されたノウハウに基づくようなものではない。

子ども参加支援者に必要な専門性とは，日々子どもと向き合う実践の中から生まれてくる実践知と，実践知を意識化する省察，そして省察のよりどころとなる参照枠としての理論に基づくものである。

　そこで，第4章では，実践の記録を省察的に分析し，そこに暗黙知として潜んでいる実践の中の知を浮き彫りにしたい。また，実践知を明らかにすることを通して，実践の課題にアプローチすることを試みる。

　注
(1) 8つの社会的基盤とは，①防御可能な生活空間，②余剰時間，③知識と技能，④適正な情報，⑤社会組織，⑥社会ネットワーク，⑦労働と生計を立てるための手段，⑧資金である（Friedmann, 1992=1995：115-117）。
(2)「ラディカルな選択を行った人間は，他者の選択の権利を否定したり，みずからの選択を他者に押しつけようとはしない。かれはそれぞれの立場を論じ合うことを受け入れる。自分の正当さを確信していても，自分が正しいと判断する他者の権利を尊重する。かれは自分と対立する人間を説得したり，翻意を促そうとはするが，押しつぶそうとはしない。」(Freire, 1967-1968=1982：28-29)
(3) 対話のきっかけづくりの手法とは，たとえば，フォト・ランゲージ，ゲーム，ロールプレイ，シュミレーション，マッピング，プランニング，ディベート，ランキングなどである。
(4) たとえば，森良『コミュニティ・エンパワーメント』，エコ・コミュニケーション，2001年，p.18 などを参照。
(5) たとえばフレイレは「教育実践は，権威主義的であれ，民主主義的であれ，つねに指示的なものであらざるをえない……必要なことは，教育の政治性や指示性を否定することではない。それがいけないというのなら，どんな課題の遂行も不可能である。必要なことは，その政治性や指示性を自らの責任において引き受け，自分がかけた民主主義への選択と，自分自身の教育実践の内実とを一貫させることだ」(Freire, 1992=2001：110-111) として，教育実践主体が中立ではありえないこと，教育実践主体が自らの立場を明らかにしなければならないことを明示した。
(6) CRC/GC/2001/1, para. 1
(7) CRC/GC/2001/1, para. 2

第Ⅱ部

子ども参加支援実践の省察的検討

第4章 子ども参加支援実践論

第1節 子ども参加支援実践の事例

(1) 子ども参加支援研究の到達点と課題

　本章では、子ども参加実践の記録を省察的に分析し、そこから子ども参加支援における実践知を明らかにしたい。第1節では、NGO/NPO・学校・自治体という場においてそれぞれ子ども参加を展開する3つの実践をとりあげる。

　日本における子ども参加実践の展開は、ハートに拠るところが大きい。2000年に邦訳された『子どもの参画』は、日本の子ども参加に大きな弾みをつけたといえる。それまで学校参加・生徒参加中心に展開されていた子ども参加は、環境教育の広まりにもあわせて、学校においては総合学習、学校外ではまちづくり、冒険遊び場、居場所へとフィールドを広げていった。

　『子どもの参画』において、ハートは「子どもの参画を助けるファシリテーター」が有するべき資質と子ども参加の事例についていくつかの具体的な記述をしている。しかし、その一方で、「そういう能力を持ったファシリテーターたちは、その能力を自分の力で身につけてきていることが多いようである」(Hart, 1997=2000: 80) と述べていることからもわかるように、ハートの提示したファシリテーターの力がどのような理論を背景とし、どういった実践から生み出されてきた力なのかを問う問題意識は弱い。

　また「ファシリテーターは、子どもと同じレベルにあるのではなく、いろいろなリソース(材料、人材、資金、参考資料など)があることを知らせて子どもたちを助ける人」である (Hart, 1997=2000: 80) といったハートの見解や、ハー

トが挙げている子ども参加の具体的事例——各種のアクティビティや方法論——から明らかになるのは、ファシリテーターにとっては技術の獲得が重要であるというメッセージである。

　子ども参加のファシリテーターが、たくさんのポケットをもち、子どもの成長発達の度合いやひとりひとりの子どもに合わせてポケットの中身やその出し方を変えていくことは、確かに必要であろう。ところが、参加が子どものエンパワーメントにつながるかという視点で捉えたとき、子ども参加支援研究が明らかにすべきは、参加を促す技術的要素ではなく、むしろ多くのファシリテーターが「自分の力で身につけて」きたとされている力の内実ではないのか。

　子ども参加支援研究は、世界的な子ども参加実践の広まりとともに深められてきたといえる。そのひとつの潮流をつくったのは、CSEC（Commercial Sexual Exploitation of Children、子どもの商業的性的搾取）に反対する運動への当事者たちの参加であった。1996年8月に開催された子どもの商業的性的搾取に反対する第1回世界会議（ストックホルム会議）[1]には、約20名の子ども・若者が正式に参加を認められ、演劇とディスカッションによって反CSECを世界にアピールした。子ども参加の動きは、2000年5月のマニラ会議[2]、2001年12月の子どもの商業的性的搾取に反対する第2回世界会議（横浜会議）に引き継がれ、2002年には、国連子ども特別総会が開催され、400名以上の子ども・若者が正式に参加した。

　子ども参加が大きなうねりとなるに連れて、子どもとおとなとの衝突も顕在化した。たとえば、横浜会議に先立って川崎市を会場として実施された子ども・若者プログラムは、のちに国連文書となるアピールを出すなど、世界的にもその子ども参加実践が注目された事例である。ところが、当初この子ども・若者プログラムは、ひとりひとりの言語や背景のちがい、18歳未満の子どもと18歳以上25歳までの若者層という年齢のちがいから、利害が激突し空中分解するかに見えた。当時、ファシリテーターのひとりであった渡辺奈美子は「わたしたちはこのような混乱を通して、子どもたちと年齢の近い「若者」でさえも、「子どもたち」とは感覚が大きく違うことを発見しました。「子ども・

若者」のなかでも年齢や文化によって，ひとつの物事の受け取り方もまったく異なることを見せ付けられ，それらのちがいを考慮しなければならないことを学びました」とふりかえっている（渡辺，2002：77）。このように，子ども参加実践とその過程において生じた子どもとおとなの，さらには子ども間での衝突，葛藤から生み出されてきたのが，子ども参加支援論であるといえる。

ランズダウン（G. Landsdown）は，「子どもとの効果的な協議や参加に青写真はない」（Landsdown, 2001：10）としながらも，「子どもの参加を促進しようと世界中で行われてきた多くのとりくみの結果，たくさんの実践的教訓が得られた」と述べ，民主的意思決定における子ども参加の促進のために支援者が留意すべき13項目を挙げている（Landsdown, 2001：10-16）。

国内では，子ども参加における支援実践の重要性とその研究の必要性を最初に提示したのは喜多である。喜多は，かつては「おとなが関与せずとも，子ども，若者の側の自治的な参加が期待できた」ものの，現在の社会状況ではそれが困難となり，多くの場合「おとなの支え」が必要になっていると指摘した。その中で，喜多は，①おとながイニシアチブをとる子どもとの関係，②子どもがイニシアチブをとるおとなとの関係，③子どもとおとながパートナーシップを結ぶ関係，という3つの関係性において子ども・若者支援のあり方が問われてきたとする。①～③は「実践の分類・レベル分け」ではなく，「ひとつの参加活動の中に複合的に内在している関係」である。支援の具体的な内実について，喜多は，②の段階において「教え欲を自制」することが支援になることなどを指摘している（喜多，2001）。

平野は，子ども参加を進めるにあたっては「子どもを支援するおとなの役割が決定的に重要」であると主張する。平野によれば，子ども参加を進めるおとなたちは，子どもとおとなのあいだの「厳然たる権力関係」や「子どもひとりひとりのニーズが異なること」を自覚しつつ，「必要なスキルや経験を身につけ，体制を整えねばならない」（平野，2001：12-13）。

子どもの参加とその支援理論の研究領域について喜多は，①子ども参加および支援の基礎理論（参加概念，参加の意義・目的，支援の必要性，支援者の役割な

どを対象領域とする），②子ども参加支援の実践論，③子ども参加支援の制度（条件整備）論を挙げた。子ども参加支援研究の進展にかんがみて，研究のこれからのあり方を実践的場面に即して具体的に検討していく時期にきているように思われると指摘している（喜多，2002a：47）。

　荒牧は，日本では教育方法としての子どもの意見表明・参加は以前から理論・実践ともに存在してきたものの，それをおとなの指導の枠組みで理解するのではなく，子どもの権利として捉えることが重要であると主張している。その上で，喜多や平野による考察を踏まえ，子ども参加支援に関する総合的な研究のテーマとして，①子ども参加の制度化，②決定過程への子ども参加とそのあり方，③子ども参加の条件整備，④子どもと接するおとなのための研修と支援スキルの開発，⑤参加した子どものエンパワーメントの検証とその手法開発，⑥参加したことによる権利侵害に対応する救済の制度・しくみ，の6つを挙げている（荒牧，2004b：11）。

　一方，子ども参加実践を記録したものは少なくないが，子ども参加支援実践のありようを記録し，それを省察的に分析したものはあまりない。そのうちのひとつは，子どもの参画情報センターからだされた，子ども・若者の参画シリーズ①『居場所づくりと社会つながり』である。このシリーズは，2000年に邦訳が出されたハートの『子どもの参画』と，これを踏まえて日本国内の子ども参加の理論的課題と現実をまとめた『子ども・若者の参画　R.ハートの問題提起に答えて』を受けた実践編として位置づけられる。この『居場所づくりと社会つながり』は，実践の代表者による事例の概要の提示，それとは異なる立場の大人・子ども・若者の意見を踏まえた検証，実践の外側から検討を加え総括した分析から構成されている。

　事例としては，まちづくりの視点から「ミニさくら」，遊び場づくりの視点から冒険遊び場，若者の自分探しの視点から文化学習センター，ストリートダンスがとりあげられている。なかでも「ミニさくら」に関しては，支援する側のおとなである中村桃子と中高生との対立が赤裸々に語られており，子ども参加支援のありようを考える上で示唆に富んでいる（中村，2004：17-35）。また，

文化学習センターの事例では，OB スタッフである織田鉄也の「ゆらぎ」が感じ取れる（織田，2004：160-163）。

本章では，子どもの権利論の視点と，子ども参加支援実践の省察的分析の視点から，子ども参加支援の実践知を解き明かし，その課題にアプローチする。分析にあたっては，支援者が「ゆらぎ」を感じているポイントを中心として，定性的コーディングを行った。これまで多くの子ども参加支援者が実践を通して無意識のうちに獲得してきた力の枠組みを捉えなおすことによって，社会にひらかれた実践知のありようを考えたい。

(2) NGO：子ども通信社 VOICE
(2)-1. 対象と方法

子ども通信社 VOICE は，9～18 歳の子どもが，取材のテーマ設定からインタビュー，編集までを行う子どもによる通信社である。

VOICE は，2001 年 10 月～2006 年 3 月は，毎週日曜日 13 時から 16 時に東京飯田橋でミーティングを開いて活動を進めてきた。中心的に活動しているメンバーは 7～8 名，記者として登録しているのは 15 名ほどである。おとなスタッフは 2001 年 10 月当初は 3 名で，その後メンバーが入れ替わりながらも常時最低 3 名体制が続いた。

調査者（本研究の筆者）は，おとなスタッフのひとりとして 2001 年 10 月から 2004 年 9 月，2005 年 1 月から 2006 年 3 月までの毎週のミーティングと 2002 年度，2003 年度，2004 年度（国内のみ）の夏季取材に同行した。ミーティングおよび取材の記録は，すべて文書に起こされ，メーリングリスト上で共有されている。

本研究においては，とくに 2003 年度の夏季取材に関わる記録[3]および配信記事・各種文書資料[4]，2005 年 3 月に子ども 2 名，おとな 2 名を対象として実施した半構造化インタビュー[5]を中心に検討を加えた。夏季取材は合宿形式で行うため，日ごろの取材活動に比べ，意図的・無意図的な実践の省察が，繰り返し行われていること，また，2003 年度は 9～17 歳の 1 チーム 6 名が同

じ地域を対象に取材を実施したために⁽⁶⁾子ども同士の葛藤が，実践と省察の双方で表面化したので，これを分析の対象として抽出した。インタビューは，子ども（対象：C，D）とおとな（対象：A，L）別々に実施し2時間ずつ費やした。なお，調査対象者の名前はすべて仮名である。インタビュー結果および分析に用いた記録の公開については，あらかじめ本人の承諾を得てある。

(2)-2. 子ども参加の契機と概要

2001年1月，子どもによる国際的な通信社であるチルドレンズ・エクスプレス（Children's Express; CE, 本部ワシントンDC：当時）は，アジア初の支局である東京支局を開設した。CEは，1975年に設立された子どもジャーナリズムのNPOであり，1982年にはピュリッツァー賞にノミネートされ，1988年には大統領選取材でエミー賞を受賞している。東京支局開設にあたってはNY支局長（当時）のクリフ・ハンを迎え，アジアへの展開を視野に入れていた（安部，2001：122-123）。ところが，経営難による本部の倒産の余波を受け，開局わずか9ヶ月で東京支局はその幕を閉じた。

当時，CE東京支局の子ども記者たちは，自民党総裁選や歴史教科書をめぐる問題などさまざまな取材を行い，自らの意見を社会へ届け始めたばかりであった。そのため本部の倒産によって活動停止を余儀なくされたことに憤りと疑問を抱いていた。このような状況下，アメリカで起こったのが「9.11」である。

2001年9月，アメリカへの同時多発テロ「9.11」の惨状をリアルタイムで目にした元CE子ども記者のひとりが元CE東京支局の子ども記者へ「自分たちにもなにかできるのではないか」と声をかけたことがきっかけである。「記者としてわたしたちにできることはなにか」——「9.11」の直後，テレビや新聞から流されていたのは報復一色の報道ばかりであったが，元CE東京支局の子ども記者たちは「本当にアメリカの人達は報復を望んでいるのかな？」という疑問を胸に，ワシントンDC支局の子どもたちへ国際電話によるインタビューを行ったのである。

子どもたちのインタビューに対し，「テロを戦争と言いかえるべきじゃない」

と答えたのは，国防総省から数マイルしか離れていないワシントンDCの学校へ通っていたメリッサ（11歳）であった。家族が世界貿易センタービルに勤務していてなんとか逃げ出したというエイシャ（18歳）は，「報復には賛成しない。それは暴力のサイクルを助長するだけだ」と語った。エイシャは，学校では，その子どもがイスラム教徒とわかればいじめのターゲットとなり，武力による報復へ反対する声をあげにくい雰囲気がある，という。のちに，この取材記事は共同通信から全国配信（2001年10月4日付け『沖縄タイムス』，2001年10月5日付け『岐阜新聞』など）されたが，大手マスコミによる報復一色の報道とは一線を画す内容に反響は大きく，子どもによるジャーナリズムの可能性を示したといえる。

　この取材をきっかけに，世界にはまだ伝えられていない声があること，さらに子ども記者という存在意義に気づいた子どもたちは，改めて活動を続けていくことを決意することになる。

　「9.11」の記事を配信した当時，彼らにはまだ名前がなかった。小学生を中心に集まった元CE記者たち10人ほどが最初に取り組んだのは名前を決めることであった。知恵を出し合いながら決まったのは「子ども通信社VOICE」という名称である。VOICEの5文字は，それぞれVoice（声），Opinion（意見），Idea（アイディア），Children（子どもたち），Empowerment（エンパワーメント）の頭文字である。子どもたちの声，意見，アイディアがおとな中心の世界をもっとおもしろく，エンパワーしていく，という想いが込められている。

　子ども通信社VOICEのリーフレットには以下のように書かれている。

　　「子ども通信社VOICEは，子どもによるメディアNGOで，9才〜18才までの子どもが運営しています。取材は，アイデアからインタビューや座談会，記事の編集にいたるまで子どもが中心に動き，新聞，雑誌，インターネットなどを通して，子どもの視点を社会に伝えていきます。いまあるメディアはほとんどがおとなによってつくられ，そこには子ども独自の視点がありません。でも，子どもたちには意見がないわけでも，考えていないわけでもありません。ただ子どもの声が伝えられていないだけなのです。VOICE

は，子どもを含めた「声なき声」を社会に届けたいと思っています。」

　VOICE には本拠地がない。そのため，ミーティングには東京・飯田橋にある東京ボランティア・市民活動センターのフリースペースを利用している。2001 年 10 月～ 2006 年 3 月は毎週日曜日 13 時から 16 時まで，ミーティングを開いて活動を進めてきた。上述したように，中心的に活動しているメンバーは 7 ～ 8 名，記者として登録しているのは 15 名ほどである。おとなスタッフは 2001 年 10 月当初は 3 名，その後メンバーが入れ替わりながらも常時最低 3 名である。子ども記者は，東京・神奈川・千葉・埼玉・茨城・新潟から参加していた。記者同士の連絡は主としてメーリングリストを介して行い，遠隔地の子どもが意見を出すことも可能である。

　記者志望者はまずトレーニングに参加するが，トレーニングは子ども記者が志望してきた子どもに行う。取材の流れや取材時の留意点などロールプレイングも用いながらのトレーニングは，9・10 歳の子どもたちも安心して参加できるような工夫が至るところにほどこされている。

　取材は，アイディアを出し合うことから始まる。取材テーマが決まると，4 ～ 6 人のチームを編成し，ブリーフィングと呼ばれる下調べと質問の作成にとりかかる。平行して，取材の申し込みが行われるが，これはメールやファックスで子ども記者が行う。取材後は，デブリーフィングと呼ばれる「ふりかえり」を行う。取材およびデブリーフィングはテープに録音し，文字に起こし，重要な部分にマーカーを引いて編集をする。話し言葉が中心となるこの方法は，読み書きや言葉のレベルがさまざまな子どもたちに広く対応するものであり，また，記事を編集する過程で創作が入り込む余地をなくすことを目的としている。このような取材の流れは，CE で考案されたもの（安部，2000：61）を援用し，適宜改良を加えたものである。

　この一連の流れの中で，おとなスタッフはほとんど口や手を出さない。取材中写真を撮影するために同席することはあるものの，それ以上の介入はしない。また，校正の段階で漢字の間違いや語句・言いまわしをより適切なものにすることはあっても，子ども記者の意図を歪曲するようなことは許されない。おと

ながよかれと思って変えた言葉が，子どもの意図とは全く異なる結果を導くこともあるため，漢字や語句の訂正に関しても必ず変更箇所を子どもたちに確認する作業を行い，最終的な記事配信に至る。

　記事の配信にあたっては，どのような読者を想定するのかを子ども記者と相談の上，編集作業と並行して，おとなスタッフが各種メディアとの交渉を行う。記事の配信料は団体運営のための重要な収入源となる。

　VOICE は取材のみならず運営も子どもたちが中心となって担っている。これは，CE の倒産を招いたひとつの要素として，子ども記者の意見が十分運営に反映されなかったという認識とその反省に拠っている。

　子ども記者 3 ～ 4 人からなる運営委員会が中心となって，活動のおおまかな叩き台をつくりミーティングやメーリングリストを活用して決定がなされる。ここではおとなスタッフも意見を述べることができるため，子どもの気づかない視点からも発言をするよう留意している。

　運営資金の中心は配信料である。自分の記事がお金になり，活動を支えているという事実は，子どもたち自身の責任感や経営感覚を養う。助成金を申請することもあり，取材の際に用いる T シャツの作成やカメラなどの機材購入，パンフレットの製作は，助成金を得てなされている。申請書を作成するにあたっては，短期的な計画とともに中長期的な視野が必要とされるので，助成金の申請は活動を補強する契機ともなっている。

　日常的な取材は関東近郊で行われるが，メンバーが遠くへでかけてゆく夏季取材も年に 1 回実施してきた。取材場所は，通常の取材同様に子どもたちがアイディアを出し合って決定する。

　夏季取材前には子ども記者による保護者説明会が開催される。夏季取材は宿泊を伴い，旅費もかかる。夏季取材で取り上げたいテーマはどんなものなのか，取材の移動や宿泊の安全性はどうなのか，取材費用はどれくらいかかる見込みか。これらを保護者に説明する。アルバイトができる年齢の子どもばかりではないため，保護者にお金を借りたり，費用を工面してもらうために納得してもらう必要がある。

こうして新しい土地へでかけてゆくことで，多くの出会いと，日ごろの自分をふりかえる機会に恵まれてきた。生み出された記事は，通常の取材と同じように配信され各種のメディアに掲載されている。主な配信記事一覧を表4.1に，夏季取材の一覧を表4.2に示した。

(3) 学校：北海道中川郡幕別町立札内北小学校
(3) – 1. 対象と方法

　北海道幕別町立札内北小学校は，帯広市を中心とする十勝の経済圏に位置する。札内はアイヌ語の「サツナイ」に由来し「乾いた川」を意味している。札内地区の人口増加に伴い，白人小学校より分離独立する形で1978年に札内南

表4.1　子ども通信社 VOICE 主な配信記事一覧 (2001.10 ～ 2006.3)

	記事タイトル	配信先	掲載年月日等
1	米の子供は事件をどう感じたか　子ども通信社東京支局	『岐阜新聞』など（共同通信による全国配信）	2001年10月5日
2	アメリカとアフガン・タリバンとの戦争を知っていますか？	クレヨンハウス『子ども論』	2002年2月号
3	どうして戦争なんかやってるの？	岩波書店『世界』	2002年5月号
4	北朝鮮問題と子どもたち　在日朝鮮人の子どもに日本の子ども記者がインタビュー	クレヨンハウス『子ども論』	2003年1月号
5	10代の声を街で聞いた　自分のことは自分で守るべき	『毎日中学生新聞』	2003年5月5日
6	子ども記者たちから見たメディア　タマちゃんとイラク戦争　『白装束』と有事法制	岩波書店『世界』	2003年8月号
7	日本の子ども環境のいま　子どもたちが，国連子どもの権利委員会の勧告を読んでチェックしました！	クレヨンハウス『子ども論』	2004年5月号
8	低年齢化進むたばこ　大人たちの喫煙　子どもたちの禁煙	『毎日中学生新聞』	2005年11月5日，19日
9	いのちを考える　子どもから見た臓器移植	『毎日中学生新聞』	2006年2月20日，27日，3月6日，13日，20日，27日

表4.2 子ども通信社VOICE夏季取材一覧(2002～2004年)

取材年月日	取材先	取材テーマ	配信記事タイトル	配信先媒体	掲載年月日等
2002年8月6日～9日	沖縄県	基地問題・長寿・平和教育・伝統文化	お年寄りは図書館～長寿の秘訣インタビュー	子どもの権利条約ネットワーク『ニュースレター子どもの権利条約』	2002年10月20日
2002年8月19日～24日	カンボジア	子ども買春・HIV/エイズ・ストリートチルドレン・内戦・文化	カンボジアの子どもたち—ストリートチルドレンとHIV/AIDS	東京ボランティア・市民活動センター『ネットワーク』	2002年10月号
2003年8月6日～9日	大分県	車椅子バスケ・自衛隊・映画祭・まちづくり・留学生	大分県日出生台二つの『平和』をこえて	『軍縮問題資料』	2003年11月号
2004年7月28日～31日	大韓民国	戦争と平和・文化・食	"戦争したがる"大人たちへのメッセージ　韓国と日本の子どもたちの座談会	クレヨンハウス『子ども論』	2004年11月号
2004年8月23日～24日	愛知県	在日ブラジル人・高浜市子ども市民憲章	子どもとおとなくいちがいと衝突を越えて(高浜市子ども市民憲章)	『教育新聞』	2004年9月

小学校が，1981年に札内北小学校が新設された。子どもたちの保護者はほとんどが帯広方面に職を持ち共働きも多く，都市化の傾向が見られる[7]。

　本研究では2002年度のデータを中心に分析を行ったが，2002年度は，5月1日現在で，1年生から6年生まで各2クラスずつあり，児童数は合計374名[8]である。1クラスの人数は約30人であり，教職員は26名である[9]。

　調査は，2001年9月から2005年9月までの4年間にわたって行ってきた。2001年9月は参与観察，2002年10月15～18日，2003年9月1日～5日，2005年9月はマイクロ・エスノグラフィーの手法を用いた調査，2002年1月27日，9月15～18日，2003年1月27日，2004年8月28～29日には教員に

対するインタビュー調査，2004年8月29日には児童を対象とするインタビュー調査，2005年9月7日には卒業生を対象としてインタビュー調査を実施した。このうち，本研究で分析の対象としたものは，主として2002年度のマイクロ・エスノグラフィーによる調査（対象：K, L, M, N, O）と，2004年度の教員を対象としたインタビュー調査（対象：K, L）である。

参与観察およびマイクロ・エスノグラフィーの記録には，デジタルカメラとＡ６のメモ用紙を持参し，テープレコーダーやビデオは用いなかった。子どもたちとは給食を一緒に食べ，休み時間はともに遊び関係性を築くことを重視した。放課後は授業を行った教員との「ふりかえり」に参加し，その後，メモをもとにフィールドノーツを作成した。

インタビュー調査では，半構造化インタビューを実施し，調査対象者の許可が得られた場合はテープに録音し，それを文字に起こした。インタビュー時間は，子どもの場合は1時間以内，おとなの場合は1～2時間であった。テープに録音できなかった場合も，文字化したものを調査対象者に見せ，間違った記述がないかどうかを確認してもらった。

(3) − 2. 子ども参加の契機と概要

子ども参加の契機となったのは，1998～1999年度にかけて実施された国語の校内研修「個が生きる授業づくり」であった。この校内研修では研究の視点として「子どもの真の成長は，教師がさせるものではなく，教師の支援を受けつつも子ども自らが築き上げていくものである」が掲げられ，子どもひとりひとりの自己表現を大切にした授業を展開してきた。

1999年度末には，教職員を対象とした「児童会の見直しアンケート」を実施し，その結果「①話し合いの時間，子どもたちが自ら企画実施できるような時間が保障されていない。②教員からの指示待ち，こなし仕事が多い。子どもの自主的な活動になっていない」ことが明らかになった。これを踏まえて，子どもの時間を保障した「学校を子どもに返していく」子ども参加実践が始まる。

2000年度（実践1年目）は，児童会を軸に「学校完全5日制を見据えた教育課程の自主編成」，「子どもたちの興味，関心，意欲から作り上げる活動」，「総

会を主とした子どもたちの民主的な話し合いによる決定」を柱に取り組みを進めていった。スタートは教職員が「口を出さない」、「手をださない」、「グラウンドにでない」運動会であり、行事への子ども参加が拡大していった。

　2001年度（実践2年目）には、「子どもの声を直接聞き、職員の声を直接聞いてもらうこと」、「児童と職員が同じ席につくこと」の2点を重視した、児童・職員会議が始まった。児童会総会に出すための提案を児童と教師が練る会議体が設置されたのである。子ども参加は、運動会から北小祭り、学習発表会、遠足、修学旅行、卒業式、入学式と行事全般へ波及した。

　2002年度には、行事における子ども参加が定着し、子ども同士での助け合い・学び合いも広がり始めた。また、校内研究に「子どもの権利条約」の文言が挿入され、子どもの権利を保障した参加型の学校づくりを教職員全体で意識化し始める。これに伴い、子どもの権利学習の必要性や保護者への対応が課題として顕在化し始める。

　2003年度（実践3年目）は、さまざまな課題と向き合った時期である。話し合いを重視し、すべてを子どもたちの手でつくりあげていく札内北小学校の子ども参加実践は、保護者には「放任」と映り、教師の怠惰を責める声もあがった。これに対し、保護者を対象とした教育懇談会を3回実施し、相互理解を図った。子どもたちが力をつけていく一方で、札内北小学校の取り組みが他校へと波及していったのもこの時期である。

　2004年度（実践4年目）は、多くの教師が異動し、教師集団の共通理解が求められた時期である。同時に、行事だけでなく授業の中にも子ども参加の考え方をとりいれ始め、子どもの権利学習も展開された。

　2005年度（実践5年目）には、中心となったK教諭が異動し、子どもたちが原動力となって子ども参加が展開されているものの、マニュアル化できない現状に難しさも感じている。

(4) 自治体：埼玉県鶴ヶ島市子どもフリートーク

(4) – 1. 対象と方法

　埼玉県鶴ヶ島市は，人口約 6 万 9 千人の自治体である。都心から 45 キロ圏内，埼玉県のほぼ中央に位置し，関越道と圏央道 2 つのインターチェンジを有する鶴ヶ島市は，その立地条件から農村地帯が急激に都市化された地域である。1965 年以降急激に人口が増加し，翌 1966 年に町制，1991 年には市制が施行された。

　鶴ヶ島市教育審議会のもとに設置された子どもフリートークは，2002 年度から 2006 年度まで小学校 4 年生から高校生世代の子どもを対象に実施されてきた。毎回 10 ～ 30 人が参加し，主として教育大綱学校教育部門・社会教育部門への意見聴取を目的として実施されたものである。

　このうち，2002 年度から 2004 年度までの合計 28 回（2002 年度 9 回，2003 年度 9 回，2004 年度 10 回[10]）についてはファシリテーターとしてアクションリサーチを行い，2005 年 3 月 6 日には，参加者である子ども 2 名と直接の支援者であった社会教育課職員 2 名を対象として半構造化インタビューを実施し省察的に分析した。このうち，本研究で主に分析したのは，子ども 1 名（対象：S）と職員 2 名（対象：Q，R）へのインタビューである。また，広報『つるがしま』等に掲載された，子どもフリートーク参加者および支援者の声も合わせて分析対象とした。

(4) – 2. 子ども参加の契機と概要

　鶴ヶ島市教育審議会（以下，教育審議会）は，2000 年度，地方自治法に基づき条例によって設置された教育委員会の附属機関である。教育審議会は，「地方自治の本旨に基づき市民の参画と協働により，市の実態や特色に応じた鶴ヶ島らしさのある教育改革を進め，教育の真の目的を実現するために」（埼玉県鶴ヶ島市教育審議会設置条例第 1 条）設置された。教育審議会はこの目的を達成するため，「教育改革」，「学校教育」，「地域の教育力向上」，「まちづくりと市民の学習」，「その他目的の達成に必要なこと」（第 2 条）の 5 つの事項に関して，教育委員会の諮問に応じて建議する。学校教育と社会教育の施策総合化の機能も

期待されている。

　教育懇談会のような会議体ではなく市議会での審議・議決を経た上で条例により設置される審議会としたのは，教育行政への市民参加を制度としてゆるぎなく保障するためである。委員の構成は，「市内の幼児，児童又は生徒の保護者」，「市内の学校教育・社会教育関係団体の代表者」，「市内の産業，経済，民生，文化等についての有識者」，「まちづくり又は教育に関して学識経験のある者」（第3条）として，幅広い層から市民を委員に選任できる工夫をしている。

　このように市民の意識と行政による制度化の両側面から醸成されてきた教育行政への市民参加のまなざしは，やがて子どもへと向けられ始める。

　2001年度から教育委員会は「子どもは小さなまちづくり人」として，子どもの参加を重点施策に位置づけた。これは，「現在の子ども自身が，まちづくりの主体」であり，「子どもは，まちづくりの協働の担い手」であり，そして「子どもは，将来のまちづくりの担い手」であることを重視したものである[11]。

　同年，教育審議会は教育委員会から「鶴ヶ島らしさのある教育の創造に向けての教育大綱案の作成について」の諮問を受け，教育大綱案起草に向けた実態調査に着手した。鶴ヶ島市教育大綱は，「市民（子ども，教職員を含む）参加と合意のもとに，鶴ヶ島市の教育の普遍的な理念と中長期的な方向性を示」し，「実効性を高めるための具体的方策」からなり，「実施計画や予算編成の背景となり，教育機関等の運営指針」となるものとして位置づけられている。

　審議会は，市民の教育行政への参加をより実効性のあるものとするため，独自に調査・研究する権限を有しているが，その権限に基づいて実施された「つるがしまの子どもと教育」実態調査（以下，実態調査）は，審議会での議論が子どもの現実と乖離しないようにするとともに，子ども・保護者・地域住民・教職員など教育に関わる人々の声を反映できるように実施された質問紙調査である。さらに，翌2002年度には，実態調査の分析を踏まえ，子ども・保護者・地域住民・教職員などと審議委員が顔をつきあわせて意見交換会を重ねた。その回数はのべ40回にわたり，意見交換をした市民・関係者は657名にも及ぶ。

　小川は，審議会の一連の対話について「地域の教育問題の掘り起こしにとど

まらず，あるべき教育政策と教育行政運営を模索する合意づくりの過程でもある」と指摘している。加えて，埼玉県志木市や島根県出雲市にみられるような分権改革のトレンドでもある首長主導型政策決定がトップダウン的性格を有するのに対し，鶴ヶ島市における教育委員会と教育審議会の連携は「合議制である教育委員会の組織的特徴を最大限に活用した住民参加型のボトムアップ的教育政策づくり」であると評価して，そこに新しい自治体教育行政の姿を見出している（小川，2003：2-3）。

　子どもフリートークは，子どもの意見表明や参加を保障する手段のひとつとして，また，教育大綱に関する子どもの意見を求めるため，2002年度より2006年度まで実施された。対象となるのは小学校4年生から高校生世代の子どもたちであり，毎回10～30人が参加していた。

　子どもフリートークに参加する子どもたちは『広報つるがしま』に掲載された募集要項や学校を通じて配布されたチラシ，学校に掲示されたポスターを通じて公募された。チラシは，漢字にかなをふり，申し込み方法も電話・Fax・Eメール・手紙と多様なアクセスを保障できるよう配慮した。ポスター類についていえば，「手書きのほうが親しみやすい」という子どもたちの声から，2003年度以降は前年度参加した子どもたちが，募集チラシやポスターを作成している。

　年度始めに行われる子どもたちへの説明では，「楽しい学校づくりを進めるためには子どもたちの意見がとても大切」であるとして子どもの役割を明確にし，フリートークで出された意見は，教育審議会を通して教育政策へ反映される可能性があること，したがって子ども自身にも社会を変えていける力があることも伝えている。それと同時に，「本音で話すことで誰かが嫌なめにあうようなことも絶対ありません」と明記して，参加することで不利益をこうむったりしないことも合わせて伝えている。

　2002年度は，教育審議委員が子どもたち3～5人のグループに入る形で「給食について言いたいこと」，「いじめについて」など，学校教育全般に関して話し合いをした。2003年度は，教育審議会で議論になった項目を中心に「授業

はわかりやすい？」,「先生のことどう思う？」,「男らしい,女らしいって何？」など,具体的な項目をたてて,話し合いを進めた。2004年度は,教育大綱社会教育部門に関する意見聴取を念頭に置き,話し合いを展開した。

第2節　実践知としての「待つこと」

(1) 責任を子どもに返す

　札内北小学校の子ども参加実践の始まりは2000年の運動会であった。運動会について児童会書記局より「今年の運動会は,自分たちの手で作り上げる運動会にする。先生たちの手を借りずに,みんなの考えと実行力で運動会を成功させるようにがんばる」という目標が掲げられた。子どもの手でつくりあげる運動会とは,教師にとっては「手も口もださない」で「がまんする」運動会でもあった。

　　まず始めに取り組んだのは運動会でした。先生方には「手も口も出さないで」と子どもの考えや実行の妨げになることを控えてもらいました。先生たちには戸惑い,子どもたちからは「本当に任せてもらえるの？」と疑われていたかも知れません。しかし結果的には,先生方に今までどれほど口や手を出してきたかを実感してもらい,そして我慢することがいかにつらいことかを意識してもらえたと思います。　　　　　　　　　　　　　　　　　　（K,40代）

　Kは,札内北小学校の子ども参加実践を「学校を子どもに返す」取り組みだという。そして,従来の「子どもに返す部分を教師側が決め,部分的に返していく」,「力がついたらその力に応じて返していく」という考え方では,真の意味で子どもに返すことはできないとの考えから,学校全体を子どもに返していくという方針を打ち出した（伊藤,2001b：2）。学校を子どもに返すとは,子どもが中心になって学校を組み替えていくことであり,子どもたちに責任を返すことでもある。

　部分的にではなくすべてを子どもに返すことは,子どもが重い責任を負うこ

とを意味する。しかし，その責任を子どもなりに果たしたとき，子どもたちはこれまでにない達成感を味わい，学校にとって自分が必要な存在であるという事実に気づく。以下は運動会を終えた6年生の作文である。

> 「運動会　　　　　　　　　　　　　　　　　　　6年
> 今年の運動会はちょっとちがう。今年は総合実行委員会を中心に，各実行委員会の4，5，6年生が自分たちの手でつくりあげた運動会なのだ。今までとちがう運動会の本番は練習のときとちがってあまり休みがない。とにかく本番は自分の事でいっぱいだった。「もーまたやるの？」と，ちょっとなげやりになりそうだったけど，最後までちゃんと責任を持って仕事をしたと自分は思う。……自分たちの手でつくりあげた運動会は，初めてだったから少しとまどいもあったけど，今年の運動会は，すばらしい運動会だったと思う。」

> 「苦労した運動会　　　　　　　　　　　　　　　6年
> 今年の運動会は自分達で作り上げるということですごーく苦労した。私は，審判実行委員長になった。一人で37人の人を見るのはとても苦労した。……先生たちの手もかりずに自分達で作り上げる運動会だったからすごくおそくなったと思う。でも自分達でつくりあげた運動会はすごくたっせいかんがあった。今回の運動会は小学校生活で一番心に残った運動会だった。」

作文には，自分たちの手で運動会を作り上げる責任の重さと，責任を果たしたことでえられた達成感が活き活きと描かれている。実行委員会を構成した4～6年生を対象とした自己評価アンケートにおいても，「自分たちが作った運動会だ」と思っている子は76％に達し，「大変だった」と感じた子が64％いたにもかかわらず，運動会を「今まで通り先生たちに作ってほしい」という回答はわずか22％であった。「これからも自分達で行事をつくる」ことには60％の子どもたちが意欲を見せており，運動会から学校行事全体への波及効果が見える[12]。この後，札内北小学校は，遠足，修学旅行，卒業式，入学式と学校行事全体を子どもが作り上げるようになっていくのである。

子ども通信社 VOICE のFは，活動を進めていくにあたっての子どもの責任について，「VOICE ではぽんと渡される。すごく渡し方が軽いだけに重い」と

いう。これに対して学校では「ちょっとずつ，ちょっとずつ渡されるから軽い」。VOICE での責任は，自分たちがとっていかなければならない。だから，どうやってバランスをとっていくかが大変だという。

> 責任もとらなくてはいけない。自分達でなんとかしないといけないので。大人は SOS をだしたときだけ手伝ってくれるくらいなんで，学校の先生のように介入してくることがないのでやっぱり，大人の介入の仕方が違うと思います。
> （F，13歳）

彼らのとるべき責任とは，たとえば，取材のアポや，記事の締め切りなどに関するものである。たとえ中学生であっても，締め切りまでに担当の箇所を仕上げられなければ，記事として配信できなくなる。配信できなくなれば，VOICE だけでなく，新聞社や出版社の信頼を失う結果にもつながる。もちろん SOS を出せばおとなが手伝ってくれるが，基本的には自分達でなんとかしなければならない。おとなに従っていれば，楽だろう，ともいう。

> VOICE には責任とか大変さとかも伴う。それはある意味大人のプランに頼っていた方が楽なんだろうなという思いもありますが，でもどっちかというと私は自分でこう用意されたものをちょっとずつ形作っていくのではなくて，どうせだったら「元からほりだしちゃえ」というタイプの考え方をする方なので，それは差だよね。何か粘土でつくろうと思っても，市販の紙粘土でつくる人と，自分で粘土を捜しに行って作る人と両方いるじゃないですか。その違いだと思います。
> （F，13歳）

F は，「おとなのプランに頼っていた方が楽なんだろう」と感じつつも，「責任とか大変さとかも伴う」VOICE を選ぶと明言する。VOICE には，「世間一般の価値観」とはちがう何かがあり，それを支えてきたのは「いいなりになるとか，自分のことを全然いえなくてほかの人に賛同するだけ」ではない場を自分たちが作り出してきたからだ，という。

続けてきたのは，いろいろな環境の人がいて，いろいろな年齢の人がいて，その中で話し合ってきて意見が違う人もいるけれど，意見が違うことも受け止めてくれて，意見が違うことを聞いて自分が考え直すきっかけになったり，そういうのがすごく楽しいです。本当にいろいろなことを教わるし，経験できるし，すごく楽しいなというのがあります。　　　　　　　　　　　　　（F，13歳）

　子どもに責任を返すことは，おとなに時として「がまん」を強いることであり，かつ子どもにとっても決して楽ではない。ところが，参加を通して責任を果たしていく経験は，大変ではあっても子どもにとっては自分を成長させてくれる機会である。子どもに責任を返すという視点が，子ども参加支援者には求められているといえよう。

(2)「失敗」をチャンスに変える
　だが，おとなが手を出すことをやめ，子どもが責任を果たせるようにしたとしても，子どもの取り組みが「成功」するとは限らない。このこととの関連で札内北小学校教員のKは，「失敗」や「話が逸れること」に，子どもが育つチャンスを見出している。

　　運動会以降の先生の変化としては，今まで失敗したり話しが逸れてしまわないように先生が軌道修正をしたり，考えを出して引っ張っていたことから，子ども中心の話し合いになったということです。
　　子どもたちは話し合いの中で話が逸れることで何かを掴んでいるしその中で失敗に気付く子もいる。また大人が考えつかないような面白い意見を発言する子もいます。そういう子どもたちの気持ちの変化，豊かさを生む話し合いは大切だと感じています。　　　　　　　　　　　　　　　　　（K，40代）

　おとなには一見「失敗」に思えることから子どもは何かを掴んでいることが少なくない。「失敗」とは，何かをそう命名する者によってつくられるものである。このことは，「失敗」に対して，おとなが何もしてはならないことを意味しているのではない。大阪自由学校の栗原は，「大人に失敗しない方法を教

え込まれるより，自身の失敗から学ぶことは多く，確実に身につく」として，子どもにとっての「失敗」の意義を認めつつも，「子どもたちが明らかに重大な失敗をしそうな場合は，打開策を提示したり，失敗の可能性を示唆することも必要」であると指摘し，おとなからの適切な支援の重要性を示唆した（栗原，2001：49-51）。

　栗原のいう「重大な失敗」としては，たとえば身体に危険が及ぶことが考えられる。2002年10月15日の3時間目，ブロック集会のための製作に励む札内北小学校1年2組をたずねた。子どもたちはもぐらたたきをつくるということで，ダンボールをカッターで切る作業をしていた。その日の授業終了後，教職員と見学者による「ふりかえり」の場で，1年生がカッターを用いることで議論となった。見学者は1年生がカッターを用いるのは危険だ，けがでもしたらどうするのか，という。

> M教諭：刃物の扱いなど安全部分は教師がかかわります。場合によってはこの子にはカッターは危ない，と判断することもある。けれど，まず子どもに自由にやらせてから。
> N教諭：1年生なので教師も子どもの目の高さにしなければいけません。子どもの目の高さは少しずつかわるのでそれにあわせて変えてゆく。危ないから使わせない，ではなくて，危なくない使い方を教えるんです。

「危ないから使わせない」のでは，いつまでたってもカッターを使えるようにならないかもしれない。そうではなく「危なくない使い方」を教師が教える。「子どもの目の高さにあわせて」少しずつおとなの目線を変えてゆくにはていねいな関わりが必要となる。

　他方，支援者自身が「失敗」をどう捉えるのかという課題もある。鶴ヶ島市社会教育課職員のQは，ファシリテーターが産休に入り，自らがファシリテートをしなければならなくなったとき，うまくいくかどうか不安になったという。

　　結局うまくいくかなと不安になっているのは，こっちの経験がないのもあるの

ですが，子どもがこちらの想うとおりにうまく動かどうか，意見を言ってくれるかどうかという心配をしているんですよね。……結果が出る出ないというのは，誰がやっても，どう準備をしても見えないところがあるので，今日はここまで出来ればいいのかなというようなところで，本当に子どもを信頼していれば不安にならずに，同じ目線で一緒にやっていこうという姿勢になれるのかなというのが去年度は一番大きかったですね。……その場で子どもから出た意見で臨機応変にやっていっていいやという余裕みたいなものが出てきました。今想うと管理教育みたいにきちんときちんとやんなきゃいけないという風にやらないで，一緒に考えていってそれで直していけばいいやという気持ちになりました。こうやると，本当に一緒になってやっている感じがでてきましたね。一体感というか。　　　　　　　　　　　　　　　　　　　　　　（Q，30代）

　Qは，子ども参加の「成功」と「失敗」をおとなの目線で判断してしまうことの危うさを指摘する。子ども参加がうまくいくかどうかとは，「おとなの思い通りに行くかどうか」の問題ではない。子ども参加と一言でいっても，そこに参加している子どものありようはさまざまであり，その当然の帰結として必要な支援もまた多様であって，場の状況に応じて変化する。子ども参加にはあらかじめ決められた青写真はない（Ladnsdown, 2001：10）。

　子ども参加支援において問われるべきは，子どもが中心となり，おとなとともに話し合い，共同決定をし，何かを作り上げるための十分な時間が保障されているかどうかである。おとなが考えたスケジュールに基づく時間ではなく，子どものための時間をどう保障していくかが問われているのである。

　そしてこの話し合いを進めていくためには先生たちの"待つ"という姿勢が大切なのです。これは「待ちの教育」と言えます。この時間の子どもたちは先生の顔色を窺うことなく話し合え，また先生も子どもたちの表情をみつめる時間がもてるようになっています。　　　　　　　　　　　　　（K，40代）

　「先生の顔色を窺うことなく」という言葉は，安心して「失敗」できる環境があることを意味している。子どもに責任を返し，子ども中心となればうまくいくとは限らない。時には，おとなが驚くような「失敗」も生ずる。確かにお

となが先回りして手を出せば、その「失敗」は回避できるかもしれない。しかし、おとなが先回りばかりしていては、子どもはいったいいつ「失敗」すればいいのであろうか。誰であっても必ず「失敗」はする。「失敗」をどう乗り越えるか、一人では乗り越えられないときに誰がともに悩んでくれるか。子どもの育ちの視点から「失敗」をみたとき、それは、子どもにとってかけがえのないチャンスとなる。

(3) 待つということ

子どもが参加し、おとなとともになにかを作り上げていくためには、「子ども時間」ともいうべき一見無駄に見える莫大な時間をかけなければならない。札内北小学校教員のKはそう語る。

> これまでは教師として「こうしなさい」と言って指示することで、おとなにとっての無駄な時間を省いてきました。それが「指導」とされてきました。(わたしたちの子ども参加実践は) ひとことでいうと「待ちの教育」です。(K、40代)

Kは、札内北小学校の子ども参加実践は教師の待ちによる支えであると明言する。札内北小学校の子ども参加実践は、それまで教師の指示を待っていた子どもたちが自ら動き出すまで教師が手や口をいっさい出さない、という取り組みから始まった。待ちの教育はしかし、外からは単なる「放任」と捉えられかねない。Kの同僚であるLは、赴任してきた当初、待ちの教育に対して疑念を抱いた。「そんなことは普通のおじさんでもできるでしょって、最初は言ったんですよ」というLの言葉からは、待つという行為に教師としての専門性を見出せないようすが見て取れる。だが、教師が手や口を出すやり方から待ちの教育に変えることで子ども自身が生き生きとしてきた。Lの考えも、子ども参加実践は「続けたいですね！ おもしろいです。子どもたちと関わっている部分が」というまでに変わってきた。

待ちの教育は、子どもの育ちに寄り添う分、時間がかかるものである。それゆえに、教師としての力量が試される教育でもある。

私たちは決して何もしていないわけではなく，一人ひとりの気持ちや言葉と対話していくのです。このことは時間が掛かることで，教師一人ひとりの子どもを見る目が試される場でもあります。　　　　　　　　　　　　（K，40代）

　札内北小学校の待ちは，単なる放任ではなく，いわば，「意図的な「対等性」をもたらす「待ち」である」（内田 a，2002：95）。教師が意図的に待つことで，「教師が子どもの目線に下り，子どもの意見があまりでない間は控えてまず待ってみるような」実践である。この，待ちによって，話し合いの場で「教師は，子どもの意見の不備を指摘するのではなく，あくまでも子どもと同じ目線で，子どもの意見のなかの一つとして意見を表明し，子どもと一緒に教師も考える」ことが可能となる（内田 a，2002：95）。つまり，子どもたちが自分の力で考え，試行錯誤を繰り返し，失敗に学びながら成長していくことの重要性を教師が理解し待つことによって，子どもたちが自由にのびのびと意見を表明しながら，学校行事・校内活動の運営に参加していくことができるのである。教師のこうした深い理解がなければ，待ちによる支えは成立しえない。
　だが，今日の社会は効率を価値とし，早いことをよしとする。早く産まれて，早くおっぱいを呑んで，早く大きくなって，早く立って，早く歩いて，早くおしゃべりをしてというように，おとなの口から「早く」という言葉があふれでる。子どもたちは，いったいいつ子どもでいることを許されるのであろうか。誰もが急がされ，待つことは負のイメージと結びつく。こうした社会にあっては，子どもの育ちを待つことの意味に思いを致すことが重要であろう。
　とはいえ，ゆっくり時間をかけたとしても，必ず成功するとは限らない。失敗することを含めて，待つことの意味を説いたのは臨床哲学者の鷲田清一である。これについて，鷲田は次のように述べる。「待たずに待つこと。待つ自分を鎮め，待つことじたいを抑えること。待っていると意識することなくじっと待つということ。これは，ある断念と引き換えにかろうじて手にいれる〈待つ〉である。……ひょっとしたら，「育児」というのはそういういとなみなのかもしれない。ひたすら待たずに待つこと，待っているということも忘れて待

つこと，いつかわかってくれるということも願わずに待つこと，いつか待たれていたと気づかれることも期待せずに待つこと……」(鷲田，2006：55)。

　待つ側の「覚悟」とでもいうべきこの感覚は，鶴ヶ島市子どもフリートークのQも指摘するところである。Qは，市の文化財について意見聴取をする前日，果たしてうまくいくのかどうか不安になったという。だが，その不安の内実が「子どもが思い通りに動くかどうか」であることに気づいたことで，「そもそも何が成果かという所と共に，成果がでなくてもその成果がでないのはなぜかを冷静に分析」し，臨機応変に対応すればいいのだと思えるようになったとQはいう。Qは，「きちんとやらなければ」というおとなの思い込みがある限り，本当の意味で子どもと一緒に活動することはできないのではないか，と述懐している。そして，「子どもを信頼していれば，不安にならずに，同じ目線で一緒にやっていこうという姿勢になれるのかな」とも述べている。

　待ちの支えは，子どもが力をつけおとなのパートナーとなる前段階を導くために必要なプロセスである（金，2004：88）。加えて，待ちによって力づけられた子どもの姿は，おとなの子ども観を変える。おとなは子どもへの信頼感を獲得するに至るのである。

　子どもと関わったことのある人ならば誰もが，待つことの重要性と困難さを体験的に知っている。子どもとはおとなの思い通りにならない他者である。ゆえに，待つことにはなんらの見返りも保証されない。それでも，待つことは，子ども参加の支援者にとって重要なのはなぜか。

　鷲田は待つことが存在そのものを肯定する土台となること，自己肯定感を培うことを次のように指摘する。「家族というものがときに身を無防備にさらしたまま寄りかかれる存在であるとしたら，この，期待というもののかけらすらなくなってもそれでも自分が待たれているという感覚に根を張っているからかもしれない」(鷲田，2006：55)。

　待たれた経験は，子どもの自己肯定感の根っことなる。やがてひとりで世界を歩んでいく日のための，自分の中の確かな軸となる。支援者の待ちは，まさに，子どもをエンパワーする源であるといえよう。

第3節　実践知としての「聴くこと」

(1)「理想の子ども像」を疑う

　子どもと関わるとき，支援するおとなが理想の子ども像を子どもに押し付けることで子ども参加が妨げられてしまう。この問題について札内北小学校のKは次のように指摘する。

> 　子どもと関わる中で「子どもはこうあるべきだ」という理想像をもって子どもたちに働きかけることが一般的にあります。そこには，子どもを引き上げるという作業と指導が必要となってきます。これは「管理教育」に他なりません。子どもたちを怒鳴りつけて，言うことを聞かせ，そして自分の意のままに操る，というようなみえみえの管理教育はあまりありませんが笑顔で子どもたちの話を聞くフリをしながら，子どもたちが自由に意見を言い合うことをすばらしいとしていながらも，最終的には先生が決めてしまったり，行なったりという光景はよく見られます。これは「見えない管理教育」と言えます。そういう時の先生は自分が「管理教育」をしていると思っていません。しかしそれが子どもの参加の妨げとなっているのです。
> 　　　　　　　　　　　　　　　　　　　　　　　　　　　　（K，40代）

　同様の指摘は，鶴ヶ島市社会教育課職員のQの発言にも見出される。

> 　自分達がやっていることに，どこか疑問をもっていかないと，協働歩調をとれないなと改めて認識しています。やっぱり，子どもの意見をきかないで「こうだ」ということをしている時は，余り自分に疑問を持つ余裕もないし，持ってもいないし。持とうとすると怖いというのもあるかもしれないけれど。自分がやってきた事がもしかしたら違うし，これがいい事なのかわからないというものをどっかで持っていないと，人の意見もはいってこないし，聞けない。これは子どもに限らずですが，そういう謙虚さみたいなものを持たないと人権尊重というとちょっと大きいですけれど，みんなで話し合って決めて行くという土壌にはなかなかならないのかなと。
> 　　　　　　　　　　　　　　　　　　　　　　　　　　　　（Q，30代）

　子ども参加の場に限らず共同決定の場においては，ひとりの人間の価値観が絶対とされるべきではない。子ども参加においても，支援者の価値観は多くの

考え方のうちのひとつであり，あくまでも子どもたちの考えと同じ水準で尊重されるべきものである。ところが，子ども参加支援においては，支援者がおとなであるがゆえに，その影響が大きくなることが予想される。

　子ども通信社 VOICE のおとなスタッフであるA（20代）とD（10代）は，「子ども参加したい」という人をとりあげて，あるべき「子ども参加」を説くことの危険性に言及している。

> D：「子ども参加したい」という人はだめなんです。子どもを支えたい，子どもの力になりたいという人はだめなんです。Aの言葉を借りると「目的をもってはだめ」。自分がこうしたいとか，自分がああしたいとか。
> A：私が生きているなかで，たまたま VOICE という場所にいた，というぐらいの通過点でいいんです。むしろ VOICE に情熱を傾けて，社会的に意義があるから大きくしてとか，スタッフが目的や野心を持たないで……。
> D：すごく難しいのですが，子ども参加することは大切なんだけれど，そこから入ってどうこうしようとすると破綻すると思うんです。

　Dは子ども参加の重要性を認識しつつも，「子どもを支えたい」という想いが先走りすることを懸念している。最初に支援ありきの，支援者中心の子ども参加は，子どもを置き去りにする恐れがある。

　これは，自治体の支援者養成の場においても課題となっている。たとえば，滋賀県では，「子ども県議会」活動におけるサポーター養成事業を実施しているが，そこで最初に行うことが「子ども観の問い直し」である。「それぞれの地域や分野で，さまざまなかかわり方で子どもと向き合っているおとなは，一定の「子ども観」を持っており，子どもに対して理想像を押し付けてしまう傾向が強いように思われる」（東，2004 b：77）ため，自らのもつ子ども観を客観視することから始めるのである。

(2)「おとなのあるべき姿」を超えて

　札内北小学校のL教諭は，子ども参加実践を始めて，教師としての自分が問

違ったことをしたときに子どもに「ごめん」ということができるようになった，という。

> やっぱり昔では教師という立場があるから，これでごめんといってしまうと，今までに築き上げた地位が崩れるんじゃないかとそんな感じで言い含めてごまかしちゃったり多々しましたね。でも最近は「ごめんなさい」といっちゃいますね。お願いするところはお願いすることになるんで「これしてもらえない」と話はすべきだと思うし，なんでも高飛車にいうべきことではないだろうなとも思うし。(子どもに，ごめんといっても，教師としての地位は) 変わらないですね。逆にいうと信頼してもらっている部分がはっきりと判ってくることが大きいんで，「先生やっていてよかった」って思うことがあると思うんです。
> （L，40代）

子ども参加実践を始める前は，子どもに「ごめんといってしまうと，今までに築き上げた地位が崩れるんじゃないか」，と感じていたという。ところが，そのLが，子ども参加実践を展開していく中で，子どもから「信頼してもらっている部分がはっきりと判って」くるようになってきて，生徒に「ごめん」と言って謝ったとしても，教師としての地位は変わらないのだ，と思うに至った。だがこの変化は易しいものではなかった。

> そのハードルは結構高いと思います。最初は。いやー20年とか子どもたちより先に生きてきて，そういう勉強をしてきて，「先生というのはこんなにえらいんだぞ」っていうイメージをつくってきている先生なんかいるじゃないですか。そこを離れたときにどうなるのかなっていうのはあるんです。　（L，40代）

「先生というのはこんなにえらいんだぞ」という鎧とは，先生は「常に正しく，間違わないようにふるまわなければいけない」と，思い込もうとする鎧である。だが，失敗しない子どもがいないように，失敗しない教師もいない。教師が間違ったとき「ごめん」と子どもに言えることをLは，「人間的に楽」だと指摘する。そして，Lは鎧をぬぎすてることで自分自身が変わってきたのだという。

第3節　実践知としての「聴くこと」

……少し自分の中の幅が広がったんだなっていう。心の余裕なのかもしれませんけど。先生としての。20年も先生やってきてなんぼもないですけど，今ここでやっと広がったといっても遅いんですが，広がったっていうのは大事かなって。　　　　　　　　　　　　　　　　　　　　　　　（L，40代）

　子ども参加実践のなかで子どもにひとりの人間として接することで，人間としての「自分の中の幅」が広がったと述べるLの心境に注目したい。フリースペース「たまりば」の代表である西野もまた，同様の指摘をしている。

　相手のことがわからないと思うと，ついつい相手がヘンだ，おかしいと責めてしまうことがある。障がいや病気が背景にあったり，非行の世界に身を染めたりしている若者などが，異年齢でまざりあう場をつくりあっていると，腹が立つこともたくさんあるし，わからなくなって頭をかかえてしまうようなこともしばしばである。「なんだこれ，ありえない」。そう思ったときは，まず自分のものさしを疑ってみた方がいい。……おかしい，ヘンだと思ったとき，まずは自分が使っているものさしを疑ってみる。そしてこころのなかで，そう思うのは私の問題なのか，相手の問題なのかと考えてみる。たったこれだけの手順をふむだけで，ぼくはずいぶんと自分自身の感情がコントロールできるようになってきた。さらに，目の前で起こっていることを受け入れていく幅が，少しずつ広がってきたように思うのである。　　　（西野，2006：207-209）

　西野は支援者自身の価値観を「自分のものさし」と呼んでいる。子どもと関わっていると，何かに感情的になったり，ひっかかりを感じることがある。その原因が，子どもにあるのか，それとも自分自身にあるのか，いったん立ち止まって考えることで，「目の前で起こっていることを受け入れていく幅が少しずつ広がってきたように思う」，と西野は述べる。
　子どもと向き合うとき，おとなはそれまで築き上げてきた自分の価値観と対峙しているともいえるだろう。

(3) 聴くということ
　子どもの意見表明・参加の権利を論ずるにあたって中心的なよりどころとな

るのは，もちろん子どもの権利条約第12条である。子どもが意見を表明することは，おとなにとっては子どもの意見を聴くということにほかならない。聴くということは，特別な努力などを必要としない営みのように思える。

ところが，「子どもはこうあるべきだ」とか「おとなは間違わない」といった固定的な価値観に支配されていると，聴くことは存外に難しくなる。

鶴ヶ島市子どもフリートークのS（15歳）は，子どもフリートークのおとなと教師のちがいを以下のように述べる。

> まず意見を聴いてくれるというのが違うかな。（フリートークのおとなは態度が）友好的！同じ目線くらいになってくれるというか。中にはそういう先生もいるけれど，怒られたときに私は悪くないから，言い訳ではなくて説明をしても，こう上から見下されているというか，決め付けているというか。こっちが何をいっても，結局頭のなかは先生の捉え方で固定されていて。その固定観念がないかな。
> 一番いやな先生は，自分の目でぱっとみただけで怒ったりするんです。ぱっとみたその状況で怒られたり，怒鳴られたり。 　　　　　　（S，15歳）

「先生の捉え方」が教師の子どもの見方を固定してしまうので，子どもが話をしようとしても教師は聴いてくれない。それに対して子どもフリートークのおとなは「同じ目線くらい」になってくれて，「まず，意見を聴いてくれる」。つまり，フリートークのおとなには，「固定観念がない」のだとSはいうのである。

鶴ヶ島市社会教育課職員のQは，子どもたちの1年間の感想で多かったものに，「ここでは何をやってもいいし，おとなが話を聴いてくれるから」というのがあったという。一方で，学校への最大の不満は教師が「話を聴いてくれない」ことであり，親への不満は子どもの「話を聴かずに一方的に怒る」ことであった。子どもフリートークは強制参加ではない。自分たちの話をおとなに聴いてもらえるという，ただそれだけのことのために，子どもたちはフリートークに足を運び，参加人数も少しずつではあるが増えてさえいる。

鷲田によれば，聴くことは「なにもしないで耳を傾けるという単純に受動的な行為なのではない。それは語る側からすれば，言葉を受けとめてもらったという，たしかな出来事である……聴くことが，ことばを受けとめることが，他者の自己理解の場を劈くということであろう」(鷲田，1999：11)。鷲田のこの指摘は，聴くことに内在する力に目を向けている。参加の場において，子どもたちはまさに聴いてもらうことでその存在を受けとめてもらえているという感覚を抱いているのであろう。そして鷲田は，聴く力とは，「かつて古代ギリシャの哲学者が〈産婆術〉と呼んだような力」だというが(鷲田，1999：11)，この鷲田の見解に呼応するように，ファシリテーターは助産師にたとえられている。助産師は出産の痛みや不安をできる限り取り除き，安心で安全なお産の手伝いをするが，子どもを産むことはできない。同じように，子ども参加の支援者であるファシリテーターは子どもの責任を奪うことも，子どもの役割を肩代わりすることもできない。ただ，子どもの意見を聴くことによって，子どもが意見を言いやすい環境を作り出すのである。子どもの声だけでなく言葉にならない気持ちにも耳を傾け，子どもが参加しやすい場を作り出すのである。
　おとなの思った方向に子どもが言葉を発するように促すということではない。方向性を示して子どもの言葉を促すのではなく，子どものなかから湧き出る言葉を待つのである。「聴くということがだれかの言葉を受けとめることであるとするならば，聴くというのは待つことである」(鷲田，2006：69)と，鷲田は述べる。ここにきて，待つことと聴くことは確かにつながる。
　それでは，聴くこととは，待つことと同じ営みだと解していいだろうか。
　子ども参加支援における聴くことの意義は，それが，すでに声となっているものを聴くことだけに限定されないという点にある。たとえば乳幼児の泣き声のような言葉にならない表現からその気持ちに耳を傾けることもあろう。子どもが想いを言葉にできないときに，ちょっとしたひとことを投げかけて，その子自身の言葉で表現できるようにすることも聴くことのうちに含まれるのではないだろうか。子ども通信社VOICEのおとなスタッフであるA(20代)とD(10代)は，子どもが自分の言葉で話せるように「詰まりを良くする」「踏み

台になる」問いを投げかけながら，聴くことに向かい合っている。

> D：例えば，何かについて話しをしていて，ある子が話しをしていてつまって「えーとえーと」と言う時は言葉に詰まっている時に，周りにいる僕らがわかる時がある。その時に「それってこういうこと？」と言うと「そうそう」と言って話しが続いていくこともある。そんなニュアンスですね。
> A：さっきも会話であったけれど，たとえば「親父きもいんだよね，むかつくんだよ！」と言っている子に，「何がむかつくの？どうしてむかつくの？」とか「何か話しがあったの？」とか突っ込んでいく。「むかつく」という言葉がなんで出てきたのかを，質問で掘り下げるというのはあるかもしれない。「忙しい，参加できない」という言葉があったら「こうしても無理？」，「こうしたら出来るかな？」とかいう提案はしていく。そんな中からできた取材もあるし。
> D：出口と言うよりかは「詰まりを良くする」という感じ。詰まっているところを「つんつん」するというか。
> A：そんな感じだよね。一段踏み台になるというか。見えていないところに踏み台を一個出してみて，それに乗ったら少し違う世界が見えてくる。もちろん，それに乗るかどうかはその子たち次第だったり，その時のタイミングだったり。

聴くことは，支援者からの問いかけを含み込むことで，言葉にならない子どもの気持ちを汲み取る作用を生じさせている。待つことが支援者の意図的な働きかけであったのと同様，聴くこともまた，支援者の意図的な営みであるといえよう。

第4節　対話すること

(1) 対等な関係性の構築とおとなの意見

第2節と第3節では，支援者であるおとなが，子ども参加の場面において「ゆらぎ」つつも待つことと聴くことの重要性に気づき，「ゆらがない力」とし

ての待つ力と聴く力を獲得してゆく過程を分析した。だが，子どもたちが支援者であるおとなに求めるのは待つことと聴くことだけではない。子どもは，おとなから言葉が発せられることを望んでもいる。鶴ヶ島市社会教育課職員のQは「おとなも意見をだしてほしい」という感想が子どもからでた，と指摘している。

> 今年度からは，大人もしゃべるようにします。子ども達にきいたら「大人も意見を言ってください」という感想を書いてくれた子がいて「大人の方も意見をだしてよいか？」と聞いたら「それでもいい」ということでした。だから今年度は変えるつもりです。どちらにしても，意見を聴くときには否定とかしないで待つという姿勢は引き続きやっていきますし，それが一番大事なところなのかなと思います。　　　　　　　　　　　　　　　　　　　　（Q，30代）

　子どもたちが求めているおとなの意見とは，おとなの「正しい」意見ではなく，ひとりの人間としての言葉である。だから，Qは，待つ姿勢と聴く姿勢は保ち続けつつ，ひとりの人間として自らの考えを述べるようにしているという。
　札内北小学校の子ども参加実践に大きな転機が訪れたのは，開始後4年を経過した2003年度のことである。それまで，子どもたちの取り組みに手や口を出さないという「厳しい取り組み」であったものが，「今では一緒に寄り添い，一緒に考え，一緒に悩んでいこうという教職員の共通理解」に立った取り組みとしてを展開されているのだ(13)。この変化は行事における子ども参加の定着によって，子どもと教職員との関係性が安定したことを示している。任されることで力をつけてきた子どもたちに対し，教職員は自分の意見を言い始める。それは，たとえば，全校集会の場で子どもと同じように教師も挙手をし，意見を伝えることなどに現れていた。K教諭は，たとえ教師が意見を言ったとしても，その意見が子どもたちによって「却下」されることもある関係性を築けるに至った，と語っている(14)。
　喜多は，教師と子どもの関係は，当初は，指導関係であっても，教師の関わり方を修正することで子どもの自己決定や自治的活動が展開され，支援的関係

に移行していくと指摘している。喜多によれば，この支援的関係では，待つことや見守り的実践が重要であり，そうした実践によって子どもはエンパワーされ，最終的には子どもと教師とのパートナーシップ的関係が実現する（喜多，2006：163）。このように，支援者であるおとなの待つ姿勢と聴く姿勢によってエンパワーされた子どもたちは，おとなと対等な関係に近づく。ここにきて，おとなの意見を絶対的なものとしてではなく，ひとりの人間の考えとして捉えることが可能となり，「おとなはどう思うの？」という問いかけが，子ども自身から発せられるに至る。

　子どもからの問いかけは，子どもが自発的に語り始めるのを待ち，その子どもの声に善悪の判断を下さずに耳を傾け，おとなが子どもの存在と向かい合ってはじめて，可能となる。佐伯は，日本の学校においては，質問するのは教師であり，答えるのは児童・生徒であるが，「本来は，問いを発するのは学ぶ側であり，学ぶということが即ち問い方を学び，問い続けることだ」として，子ども自身からの発問を促す教師の働きかけとはどのようなものかを研究しなければならない，と主張している（佐伯，2003：54-55）。問いは学びの始まりであり，そして，問いは対話の始まりでもある。子ども自身からの発問を促す教師の働きかけとは，「子どもが自らのうちに問いをもつように」（佐伯，2003：55）促すことであり，それは根源において，子どもが自らの生に関わっていくことを支えることでもあるといえよう。

(2) 聴くことと待つことから生まれる対話

　自らも VOICE の子ども記者を経て，そのおとなの支援スタッフとなったAは，「自分の意見をもち，それを子どもに伝えることのできるおとなが信頼関係を育むことができる」という。

> スタッフは子どもたちの意見をしっかりと聴き，受けとめてくれる。だが単に「聴いてもらえた」という印象とは少しちがう。なぜなら，スタッフも自分の意見をはっきりと話すからだ。子どもたちの声を聴きながらも，「私はこう思うけ

ど，どう？」と積極的に投げてくる。後に残るのは「対話できた」という印象だ。　　　　　　　　　　　　　　　　　　　　　　　　　　　　（A，20代）

　そして，Aは，自分の意見を述べずに「あなたの意見は？」と言うばかりのおとなには違和感を覚えるという。

　　自分の意見を言うことは，相手の意見を言うことを阻害することとは違う。むしろ，信頼を育む一歩。自分の本音を見せないおとなに，「本音を言って」なんて言われても説得力はない。少々難しかったりしんどい話であっても，私は本音で話してもらえることがうれしかった。おとなが子どものアイディアに気づかされるように，子どももおとなの意見から新しい世界を発見することがある。……大切なのは自分の意見が通るか通らないかではなく，そこに対話の関係があるかどうか。　　　　　　　　　　　　　　　　　　　　　　（A，20代）

　とくに意見がないときは，「意見がないよ」と率直にいえる環境があれば，逆に意見を言いやすいというのはI（16歳）である。

　　意見を言った時に跳ね返されるのではなくて，一回受け止めて「でもこう思うよ」と言ってくれたりとか，意見を言うまで待ってくれたり，意見は無いよと言える環境があったりというのがあればいいやすい。……この前もおとなが多くいる会議で，子ども達の意見を聴いていないおとなたちが居て，その中の一人が「子ども達にも言う権利があるんだからいいなさい！」というような雰囲気で言われたことがあります。なんというか，おとなたちも「子どもだから」といってみてしまっている部分があって，子どもも「おとなだから」と見ている部分もある。だからそうすると自然さが壊れていくと思う。おとなと子どもである以前に一人の私という感じでつきあえればいいと思います。　（I，16歳）

　待つことも聴くことも，基盤にあるのは，権利の主体としての子ども観である。両者に共通するのは，おとなが自分中心の姿勢をとる限り成立しないということだ。子どもの権利への深い理解に基づいた自覚的な待つ姿勢と聴く姿勢

をベースとした，ひとりの人間としての言葉をもったおとなの子ども参加支援実践からはこのような支援者の姿が浮かび上がってきた。

(3) 子どもの権利の学びとその意識化

フレイレによれば，「対話が根づく唯一の風土は，人びとが共同生活への参与の感覚を発達させることのできる開かれた環境である。対話は社会的・政治的な責任を要求する」(Freire,1967–1968=1982: 56)。そして，フレイレは「対話とは何か。それはAとBとの水平的関係である」(Freire,1967–1968=1982: 99)という。子ども参加の支援者と子どもとの関係性を考えるとき，対話は子どもの置かれている権利の侵害状況を暴きだし，子どもが支援者とともに社会そのものを変革していくことを要求する。対話は，支援者であるおとなの自覚的な待つ姿勢と聴く姿勢により，子どもをエンパワーし，子どもとおとなの水平的関係を導き出す。

フレイレはまた，「われわれに欠けていたのは —— そしてわれわれにとって必要であったのは —— 無為無階の民衆とともに，かれらの参加の権利について論じあうことのできる勇気であった」(Freire,1967–1968=1982: 80)として，ディスエンパワーされた状況にある者の参加の権利を，支援者が意識することの重要性を指摘する。

おとなとともに参加の権利を考え，参加の経験を繰り返すことで，子どもは自らの権利と社会における自らの位置を獲得していくことが可能となる。おとなと子どもの双方が子どもの参加の権利を意識化する契機となるのは，子どもの権利の学びに他ならない。

札内北小学校の実践に影響を与えたのは，士幌中央中学校の子ども参加であった。士幌中央中学校の実践を始めた和田真也は，実践の背景に最初から子どもの権利条約があったわけではないと指摘している。1980年代後半から1990年代にかけて，いじめや犯罪といった子どもの荒れに直面した教育現場がとったのは管理教育であった。問題を水面下に追いやる管理教育に対して，現場を根本から変える教育として和田が着目したのが子どもの力を育む教育で

あり，子どもを中心とした学校づくり，すなわち子ども参加実践であったのだ（和田，2006：156-157）。

　士幌中央中学校の子ども参加に影響を受けて実践が展開された札内北小学校では，実践5年目にあたる2004年度から子どもの権利学習を積極的に導入し始めた。その背景には，参加に対する子どもひとりひとりの温度差があった。そこで，子どもの参加の権利を意識化し，札内北小学校の子どもたちにとって「当たり前」の参加実践が，現在の自分や学校ひいては自分たちの将来にどのような意義をもつのかを改めて捉えなおし，参加意欲を高めることを目的として子どもの権利学習が実施されるに至ったのである[15]。

　ここで重要なのは，子どもの権利学習が，子ども参加の継続性の確保のために導入されたこと以上に，教師の「間違った権利意識の払拭と子ども参加への共通理解」をもたらす一助となったこと（伊藤，2006：65）であろう。

　鶴ヶ島市子どもフリートークでは，年度当初の3回を使って子どもの権利学習を行ってきた。子どもの権利学習はクイズやゲームを交えた内容のものであり，「子どもの権利学習は楽しかった」と子どもたちには好評である。一方で，子どもが自らの権利に気づき，その意味を学ぶのは，権利学習というフォーマルな場においてだけではない。毎回の子どもフリートークにおけるおとなの言動や立居振舞からも，子どもの権利とは何なのか，権利が尊重されるとはどういうことなのかを身体感覚として学びとっている。細田勝実教育審議会委員は子どもフリートークは「子どもが権利を学ぶことを通して意見を表明できるようになる今までにない大切な場」であると指摘している[16]。だからこそ，学校や親には話せないこともフリートークでは安心して話せる，という子どもの声が出てくるのである。

第5節　省察的参加実践と子ども

　第2節から第4節においては，子ども参加支援者の立場から，その実践知を探った。第5節では，おとなの支えによってエンパワーされた子どもたちが，

自ら問題解決の主体となっていくさまを子どもの「ゆらぎ」に着目し描きながら，実践について再検討を行いたい。

(1) エンパワーメントと学び

　フレイレは，教育の目的とは人間の解放であり，子どもは，自らの学びの主体となるべきであって，教師の知識によって満たされた単なる器であってはならない，と主張した。ウォーラーステイン (N. Wallerstein) はこのように主張するフレイレの理論と実践から，エンパワーメントの教育をコミュニティ変革につなげるための3つのステージとして，①聴くこと (listening), ②対話 (dialogue), ③行動 (action) を提示した。①コミュニティの人々がもっとも関心のある話題について聴くことは，第一のステップとなる。人々の潜在的な課題はいわば「隠れた声」であると考えられる。「隠れた声」は，人々の学びを阻害する要因となっている一方で，そこに焦点を当てることができれば，人々に学びと動機付けをもたらすことができるようになる。②対話と③行動は，1回きりで終わるものではなく，対話をして行動し，失敗すれば再び対話をしながら行動をふりかえるというように，何度となく繰り返されるものである。ウォーラーステインによれば，このことによって，課題を顕在化し，コミュニティを変革していくことが可能となるのである (Wallerstein, 1993: 222)。

　先に，子どものエンパワーメントとは，「子どもが自らの権利に気づき，自己の経験を自分で定義することによって力を取り戻し，その使い方を実践を通じて学ぶことで，自己と社会を変革するプロセス」であることを明らかにした。子どもの権利学習は，子どもが自己の権利に気づく重要な契機となる。一方で，ウォーラーステインが指摘するように，子どもを取り巻く課題は，往々にして子どもから声を奪う。権利侵害を受けた子どもたちの多くが声をあげようとはせず，がまんすることがその顕著な例であろう[17]。子どもは，権利を侵害された状態から回復することができるが，その始点となるのは，おとなが子どもの声にならない声を聴くことである。それは，子どもにとっては権利の学びを意味し，権利への学びなしには，課題は永遠に隠されたままである。

山本は生活指導論の立場から，ベレスフォード（P. Beresford）とクロフト（S. Croft）がエンパワーメントの出発点を「当事者が自分たちの話しをすること」と位置づけたことに着目した。「当事者たちの経験，悩み，喜怒哀楽，指向などは私的な問題として個人の内側にとどめられ，それが言葉にして表現されたり，明確な意見として主張されることは少なく，そのために孤立感にさいなまれる」ことが多いが，当事者同士が語り合うことによって，お互いに共通点を見つけ，自分の経験が誰かの役に立つかもしれないという視点に気づく。そうすることによって語り合うことは「遠慮すべきことではなくて権利だということ」を認識し，心理的な安心感にもつながるばかりか，次にできることは何かという「当事者の判断形成」につながっていくと山本はいう。そして，ここからさらに，利害のからむ人々や組織との交渉，すなわち「対話と意見交換の継続的な過程」を経ながら「互いに正当な見解や立場をもっていることを確認したうえで，一致点をさぐる」営みへとつながっていくのである（山本，1999：80-81）。

　このエンパワーメントのプロセスにおいては，「それは権利である」という認識を当事者が形成し，関係者たちの間で一致点を探っていく行為が重要な鍵となる。自らの意見を述べることは特別なことでも恥ずかしいことでもなく，正当なことであるという子どもの認識は，子どもの権利学習からしか生まれてこない。加えて，お互いの正当性を確認した上で一致点を探るための「交渉」は，権利としての子ども参加が共同決定を指向していることと表裏一体である。

　以上を踏まえれば，子どものエンパワーメントとは，「子どもが学びを通して自らの権利に気づき，自己の経験を自分で定義することによって力を取り戻し，その使い方を実践を通じて学ぶことで，自己と社会を変革するプロセス」であるといえるだろう。子どものエンパワーメントとは，学びと実践の省察の循環によって生み出されるものなのである。

　支援者の学びと省察もエンパワーメントに不可欠であるが，エンパワーメントの中心に，子ども自身の学びと実践の省察を据えるとき，子どもは，単なる支援の対象ではなく，支援されつつもおとなとともに探究する学びの主体へと

変容していく。

(2) 探究の主体としての子ども

　子どもたちによる実践の省察の内実は,「省察」という言葉では語れないものかもしれない。それは,子どもにとっては,失敗を繰り返しながら何かに向かっていくことであり,子ども同士での話し合いによって何かに気づくことでもある。

　2002年10月,札内北小学校で5時間目の授業が始まって少したった頃だった。1年1組の教室の前に明らかに1年生ではない男の子たちがいる。どうしたのだろうか,と今度は教室の中を覗くと,黒板の前に小さな1年生の女の子が3人いる。なにやら3人でモソモソ話している。その他の子どもたちは椅子に座って静かにしている。どうやら,前に立った3人が何かいうのを他の子どもたちが待っているようだ。担任は,自分の椅子に座り,口を挟まずに待っている。

　教室の前にいる男の子たちのそばに移動してみた。彼らは6年生で,5時間目は1年生が話し合いをするので,そのお手伝いに来たのだという。本研究の筆者は,「教室の外にいないで,中にはいって助けてあげたら」と声をかけてみた。

　すると,「それはできないよ。だって,いまあの3人が何か言おうとしてるでしょ。だから今僕たちがでていくわけにはいかない」と男の子たちから返事がかえった。自分たちはあくまで1年生から助けを求められたときにお手伝いするのであって,話し合いをリードするのは自分たちの役割ではない,だから,教室の外で待っているのだ,という。

　結局,それから15分が経った頃,前にいた3人が小さな声で「せーのっ」と言い,口をそろえて「今から,話し合いを始めます。みんな,動いてください」というまで,担任も6年生も,ひたすら待ち続けていた。そのひとことがあって,いっせいに子どもたちは小さなグループをつくって話し始め,6年生もグループをうしろから見守るように移動した。

6年生は，日ごろ教師たちが自分たちを待ってくれているように，1年生が動き出すのを待っていた。1年生が，あのわずかな言葉を搾り出すまで，口を挟まなかった。声をかけるのは簡単で，その方が早く物事が進むに違いない。だが，6年生が「困ったね」，「でも今は中には入れないよね」と言いながら待っていたからこそ，1年生の3人は自分の言葉で始まりを告げることができたのである。待つことが6年生に根づき，1年生は待ってもらえる経験を重ねてゆく。
　この6年生のように，子どもが自分で判断し，動くことは学校全体に広まっている。札内北小学校にはチャイムがない。高学年はともかく，1年生の中には時計の読み方がわからない子もいる。いったいどうしているのだろうか。
　教室では，子ども同士が「休み時間は，長い針が7のところまでだよ」などと言い合っている場面に何度か遭遇した。教師や時計を読める子が数字のいくつまでだ，と教えてあげることもある。
　2002年10月15日，授業後の教職員と見学者の「ふりかえり」の際に，ちょうどこのことが話題になった。見学に来ていた他校の教師は驚きを隠せない表情で言う。

　　○○小教師：○○小ではとてもできないですよ。1・2年生はよく訓練・指導されていますね。
　　M：教師がひっぱったのではなくて，子どもたちとつくりあげてきたんです。
　　N：指導じゃなくて。昔はやってきたけど。今ではおやつはいつにする？どこでごはん食べる？って（子どもたちと相談するんです）。
　　O：新しく赴任してきた先生たちが「すごく指導してますね」というんです。けれどこれは指導ではなくて「君たちの学校なんだよ」ということを伝え，サポートしているだけです。

　チャイムがなくても時間通りに子どもたちが動けるのは，訓練・指導が行き届いているからではない。チャイムをなくしたことで，友達同士で時間に気をつけあった結果，自分たちで行動できるようになったのである。

2004年度卒業生が進学した先の中学校にはいずれもチャイムがある。このことについてインタビューをしたところ以下のような答えが返ってきた。

　　──チャイムがないのはどんな感じ？
　卒業生：（チャイムは）いらない。
　　──なんで？
　卒業生：なくても大丈夫。
　　──無駄なんだ？
　卒業生：無駄っていうか……あると頼っちゃう。

　チャイムがなければ自分で気をつければいい。だから，チャイムの必要性は感じなかったのだという。逆にチャイムのある中学校では，チャイムに頼ってしまうという。このように，札内北小学校では，ノーチャイムひとつをとっても子どもの時間を保障するという視点から生み出された成果であり，そのことによって子ども自身が自発的に動くことにつながっているといえる。

(3) 省察的実践と子ども参加の深まり

　鶴ヶ島市の子どもフリートークは，子どもが意見を言うだけで終わるのではなく，子どもたちが身近に感じている学校や教育への疑問について検討を重ねその結果を施策に反映していくことが特徴である。最初は，「学校や先生についてムカついていること」，「疑問に感じること」というテーマで，話し合いが始まる。回を重ねるごとに「ムカつく」問題の原因がどこにあるのかに焦点が移り，やがては，どうすれば「ムカつく」状況を改善できるのか，あるいはそのために自分は何ができるのかを探っていき，最終的には教育大綱への提言という形に収斂していく。

　こうした子どもたちによる話し合いの成果が，教育大綱に盛り込まれた例としては，いじめへの対応が挙げられる。いじめについての話題は，自分の置かれている状況いかんにかかわらず話しにくいものである。それは，いじめは子どもの権利侵害であるという認識を子ども自身がしっかりもっていないことに

も由来しているが，実態調査では「いじめられたら先生に相談する」という回答が多数みられた。そこでこの調査項目の検証を兼ねて，子どもフリートークではいじめがテーマとしてとりあげられたが，「言いやすい先生には言うかもしれないけれど，言いやすい先生はあまりいない」，「言うと心配するから親には言わない」，「誰にも言わないでがまんする。でもたまっちゃってひとりで落ち込む」などの発言が相次ぎ，教師や親には相談しにくい現状が改めて浮き彫りになった。また，いじめに対する具体的な対応策を検討するにあたっては，適切な対応は子どもひとりひとりによって異なる点に留意しなければならないことも子どもたちの話し合いから浮き彫りになった。さらに，深刻ないじめを受けている子どもがフリートークでの話し合いを通じていじめから回復していく事例もみられた。このことは，他者に聴いてもらうことで対話の扉が開かれ，子ども自身がエンパワーされていじめへの対応について具体的な対策を考えるという行動に至ったことを示している。

　これにより教育大綱の答申では，いじめの対応は「子ども自身がどうしたいか，を第一に尊重」することや，「いじめや不登校について子ども自身が学校を超えて話し合いのできる場づくり」に努めるという指針が提示された[18]。

　この他に，楽しく生き生きとした学校生活を実現するための「掃除の回数を減らし，まとまった遊びの時間を生み出す工夫」[19]（同答申4-5頁），わかりやすく楽しい授業のための「子どもの評価を位置付けた授業づくり，学校づくりの検討」（同答申6-8頁），学校づくりの視点に立った学校評価・説明責任のための「子どもによる他の学校訪問調査の検討」（同答申31頁）などもフリートークで子どもたちから出されたアイディアである。いずれも，子どもたちの身近にある「ムカつくこと」や「疑問に思うこと」から出発して話し合いを続け，課題がどこにあるのかを見出し，解決策を探りだした結果である。

　子どもフリートークに参加したS（15歳）は，参加する前後の変化を以下のように語った。

　　前は，市が何をやっているかまったく興味がなかったし，学校も不満がなかっ

たというかつまんないといえばつまんなかったけど,「こんなもんだよね」みたいな感じだった。フリートークをやって,市がどういうことをやろうとしているのか,何をしたいのかがだいぶわかってよかったです。…今までは失敗したらやだしという感じで暗かったけど,今はもともと何も知らないからあたって砕けろというか,とりあえずやってみようという感じの考え方になりました。プラス思考というか,人生なんとかなるというか。　　　　　　　（S,15歳）

　Sの言葉からは,意見を言うにあたって市のさまざまな施策を知り,身近なことを市政と結びつける視点がでてきていることがわかる。また,以前は「失敗したらやだ」から自分に閉じこもっていた面があったが,フリートークを通じて意見交換を重ねるうちに自分は「何も知らない」のだということに気づき,知らないのであれば「とりあえずやってみよう」と社会に積極的に関わろうとする姿勢が見て取れる。

　教育審議会も「子どもフリートークにおいて,子どもたちから直接に意見を聴取できたことは,大綱づくりにおいて大変有意義」であった,との見解を表明した[20]。また,子どもフリートークに参加した子どもたちが,「子どもフェスティバル」,「子どものDEBANDA」など,その他の事業にも参加を広げていく様子も見られた[21]。

　子どもフリートークが開始された,2002年度より障害のある子どもが参加していることも特筆すべき点である。社会教育課職員Qによると「障害を持つ子どもが参加してくれたことで誰もができる意見表明の方法等を具体的に検討すること」が可能となった。障害があることは参加を阻む要因とはなりえず,年を経るごとに障害のある子どもの参加人数は増えており,それぞれの障害にあった参加の支援が課題ではあるものの,参加の深まりが見て取れる。

(4) 子ども自身の省察と実践知の共有のありよう

　活動を通して常に省察を試みているのは,子ども通信社VOICEの子ども記者たちである。取材を通して,子どもたちは自分とは異なる他者の考えに出会い,それに呼応して自分自身を深くかえりみる。あなたはどう考えているのか,

という問いには常に自分はどう考えるのかという，自己への問いが内包されているからだ。現実に起こっている問題と自分とを結びつけるプロセスは，自分への批判のまなざしを必要とし，容易なものではない。しかしこのプロセスで生じた葛藤は，多くの場合，チームメンバーやおとなスタッフとのやりとりを通して新たな行動へと発展してゆく。

2003年8月5日〜9日，VOICEは大分県由布院に取材旅行にでかけている。このときのメンバーは6名（E，F，G，H，I，J），おとなスタッフは3名（A，B，C）であった。

最年長は17歳のEとGで最年少は9歳のHである。メンバーとおとなスタッフの全員が毎日の取材のあとに「ふりかえりシート」に所見を記入し，その日のできごとをシェアしている。ここでは，その記録を分析したい。

取材に入る前，G（17歳）は不安を隠せなかった。「みんなのことを考えるべき立場の私がこんなことを言っているとみんなが大変だろうと思うが」と前置きした上で，翌日からの取材が不安だと述べている。これに対してE（17歳）は「不安といっても緊張感なのかな？　いい取材ができるだろうかとか，Hちゃんのフォローはしっかりとできるだろうか，とか。こういう緊張感って適度ならプラスの方向に作用してくれると思っているので」と対照的な考えを示した。

Gの不安に満ちた心情は，3日目の取材で変化を見せた。契機は，「湯布院子ども映画祭」に関する湯布院町役場の職員へのインタビューである。「湯布院子ども映画祭」は子どもの名を冠してはいるが子どもが運営しているわけではない。そこには，子どもにはできないだろう，という行政側の思いも垣間見えていた。ところが，取材が進むにつれてインタビュー相手に変化が見られたのだという。

> 今日の取材ではたくさん気づいたことがあったけれどその中でも一番印象に残ったものは，子ども映画祭の取材での後藤さんの言葉が取材が進むに連れて変わったこと。……子ども映画祭の取材で，Hちゃん，Eくん，あたしの声が

少しでも届いて，次回の映画祭に少しでも変化があらわれているといいなぁと思う。
（G，17歳）

　のちにGは，「取材をして記事を配信することが大事なんだっていうのは確かにそうなんだけど，取材をするだけでも変えられるものがあるってこと」に気づいたと語っている。
　最年長メンバーとしての責任を果たせるかどうかの不安は実はかなり大きかったようである。ところが取材を進めていくうちに，Gは，インタビュアーとの出会い，取材メンバーとの話し合いから「早くやることが，いいことじゃないということ」，「話をすること，聴くことがいろいろな方向性を生み出して，その場とかほかの時も楽しくできる」ことに気づく。「一番心に残って，これから自分に活かし続けていきたいことは，人との関わりで，こんなにも人間を好きになれたのはもしかしたら初めてかもしれないなぁと思った。それと，考えることがどんなにすてきで楽しくて，つらいことかも知ることができた。これからも，考えすぎかもしれないけれど，考えることをやめたくないと思った」とGはいう。普段から，じっくり考えてとつとつと語るGは，メンバーからは「考えすぎだよ」，「もっと楽にしたら」といわれることもしばしばであった。夏季取材を通して彼女の口からあふれたのは，取材という活動，対話を通して得た飾りのない確かな言葉である。そこに表れていたのは，自分ひとりで抱え込むのではなく，誰かと一緒に考えていくこと，つまり人との関わりのかけがえのなさへの気づきであった。
　ところで，不安を抱えていたのはGだけではなかった。初日に強気な姿勢を見せていたE（17歳）はG以上に消化しきれないものを抱えていたという。Eは，その状態を変えたのはやはり3日目の取材とスタッフの言葉であったという。

「ごちゃまぜが共存していい」（中谷健太郎さん[22]）
「まとまらなくてもいい。それでいい。」（スタッフ）

第5節　省察的参加実践と子ども　139

２つの言葉は全く違う意味・脈絡で使われていたけど，これですごく楽になれた。ちゃんとしなくちゃ，まとまらなくちゃ，たしかにそんな要素も必要。けれど，そのことを意識しすぎて大切なものを見落とすところだった気がする。結果は過程を通じて出る。そのプロセスをちゃんと考えられていなかったから，この言葉ですごく楽になれました。　　　　　　　　　　　（Ｅ，17歳）

　Ｅが悩んでいたのは，実は最年少のＨ（９歳）のことであった。取材全体を通し，17歳のＥやＧにとっては当たり前の言葉であっても，９歳のＨには通じなかった。Ｈにわかるように話をすると，どうしても時間がかかる。取材は１日に２つ入っているから，そんなにゆっくりするわけにもいかない。完璧を求めると，身動きがとれなくなってしまう。Ｈが置き去りにされているのではないかというのはおとなスタッフも気にしていた。
　大きな転機は，４日目に訪れた。この日，台風のため予定していた取材をひとつキャンセルせざるをえず，もうひとつに専念することになった。相手は町長である。子ども記者たちは緊張し，取材での質問を考えることにも力が入る。なんとかいい質問をまとめようとする年長メンバーは，年下のメンバーに「どう思う？」，「それはどういうこと？」と問い詰めるような口調になることもしばしばで，何かきまずい空気になってしまっていた。
　そのとき，口を開いたのは９歳のＨであった。「Ｅくんはどう思うの？」
　驚いたのは，年長メンバーとおとなスタッフである。場を支配する緊張感の中で，「あなたはどう思うのか」と問い返す９歳のＨに，圧倒される。この日のおとなスタッフの「ふりかえりシート」には，３人が３人ともＨの言葉が見せた「すごさ」について記述している。この言葉をきっかけに，年下のメンバーたちの自由な発想が戻ってきた。
　17歳のＥは，年少メンバーの柔軟な発想，ユーモア，ぐちゃぐちゃなものをつなげて新しいものを生み出していくおもしろさに気づく。Ｅが「ふりかえりシート」の端にさりげなく書いた一言が，取材を通して省察を繰り返しているようすを映し出している。

「つながり」は取材にブリーフィングに，デブリにふりかえりに，常に見つかる。つながりを見つけることは，自分を見つめなおす作業。
批判は問題をわかりやすく見えやすくするために，存在しているよう。ゆえに，それだけでは意味がなく，見えやすくなった問題を考えるために"じゃぁ一緒にどうしてゆくのか？"それなしには溝は埋まらない。
自分がいかに勉強不足か，型にはまっているか，想像力がないか，慣れにおぼれているかメンバーは教えてくれます。それは"対話"という方法を使って。そう，まさに対話や未来への可能性は，VOICEにあるのだと思う。そのことを実感しました。
　　　　　　　　　　　　　　　　　　　　　　　　　　　　（E，17歳）

　子ども記者たちは，このように自分を批判的にふりかえることで，自分の世界観を問い直し，その省察を記事へと反映させていく。子ども通信社VOICEでは，ブリーフィング（取材前の打ち合わせ），インタビュー，デブリーフィング（取材後のふりかえり）の各プロセスで，自分の価値観と向かい合い，「ゆらぎ」，新しい考えにたどり着く。ブリーフィング，インタビュー，デブリーフィングはそれぞれテープに録音され，記事にする際に文字に起こす。この作業を通して，考えはさらに深まる。
　デブリーフィング以外にも，VOICEには活動をふりかえる場がある。年明けには前年の活動をふりかえり新年の計画を立てる会を開く。彼らが失敗を活かすために活動をふりかえる中から生み出したものが「ミスコン」である。「ミスコン」は「今年（2004年）から始まった新たな催しで，「前年に起こった数々のミスを表彰するコンクール」」のことであり，「まじめ半分，おもしろさ半分の気分でそれぞれが自分たちのミスを語り，話し合っていく」ものである。その中で「ミスの多さや重要さが明らか」になってくる。ミスに関しては，それぞれどのような解決策が考えられるかを挙げ，その年の活動につなげるのである。ちなみに，「ミスコン」の受賞者にはメンバーの「要らないもの・使えないもの」を選りすぐって進呈するのだが，受賞者は失敗を繰り返さないためにも「賞品」を次の年まで保管しなければならない[23]。
　このようなユニークなアイディアも交えながら，VOICEの活動の根底にあ

るのは，日々の活動の省察的な分析であり，そこからしか次に進めないという思いである。

第6節　実践の省察とその課題

(1) 暗黙知から実践知へ

　ここでは，子ども参加実践者による省察がどのようになされ，それにより，実践がどのように深まったのかという視点から事例の検討を行いたい。

　札内北小学校では，1998年の校内研修から，日教組十勝支部教研，全道教研，全国教研における発表を通じて子ども参加実践を言語化してきた。とくに，全国教研では，札内北小学校の子ども参加実践の意義が伝わらない場面もしばしば生じ[24]，そのたびに，他者へ伝える工夫を強いられてきたといってよい。

　子ども通信社VOICEでは，子ども記者たちは取材ごとにデブリーフィングと呼ばれる「ふりかえり」をもっている。これに対して，おとなスタッフは，毎週日曜のミーティング後，あるいは夏季取材のはざまなど，顔を合わすごとに活動をふりかえってきた。また，「ミスコン」や新しいおとなスタッフの面接，VOICEそのものの特集記事を執筆するに際して，おとなスタッフと子ども記者とが合同で活動をふりかえる場をもち，支援のあり方について議論を重ねてきた（安部，2005：51-61）。

　鶴ヶ島市の子どもフリートークでは，終了後，ファシリテーターと市職員で実施する「ふりかえり」の際に，具体的な場面を提示しながら，子どもの権利を尊重した支援とは何なのかを語り合ってきた。

　　ふりかえりの時間を必ずとっていました。その日気になったことやわからなかったこと，気づいたことをその日のうちに他の人に伝えておけるというのは，安心感につながりました。また，自分がどうしてよいかわからなかったことについては，みんなと話し合うことで，次につながるヒントを得ることもできました。　　　　　　　　　　　　　　　　　　　　　　　　　　（R，30代）

ここは，実践の省察によって，論点を明らかにし，それについて他の支援者と話し合うことで次の実践を発展させていく姿が見て取れる。実践の現場では，常に支援者に「ゆらぎ」が生じており，実践の省察を通して課題が何であるのかが少しずつ明らかになっていくのである。加えて，子どもフリートークに，支援者として参加した教育委員会社会教育・学校教育部門の職員によって『鶴ヶ島市　子どもとおとなの関わり方——子ども参加を進めるために』がまとめられている。これは，子ども参加実践の中から生まれた実践知を職員自らがまとめたものであるが，その背景には，鶴ヶ島市が社会教育における専門職の役割を重視してきたことがある考えられる。実践の省察を通して暗黙の中に閉じ込められていた実践知が言語化され，そのことでより開かれた知として社会に広く提供されていく。

　鶴ヶ島市教育委員会では，子どもフリートークを「子ども参加を進めるための試み，条件整備の一つとして位置付け，学校教育の現場，教育行政，他の行政，地域活動等における次なる段階につなげていきたい」と考えていた（増森，2003：33）。確かに，子どもフリートークに参加した子どもたちがその他の事業にも参加を広げていく様子も見られ，主体的な参加が確実に広がっている[25]。

　さらに参加実践の省察は，実践から制度構築に向けた課題を提示するに至る。

　Qは，実践の省察から，施策づくりにおける子ども参加を保障していくには，「子どもの成長に対する配慮と，まちづくりに子どもの声を生かすという作業の両立が必要であり，教育委員会と首長部局との連携が不可欠である」として全庁的な協力体制が必要であることを指摘した[26]。これに関して2004年には，社会教育課・学校教育課・公民館・社会福祉課・地域福祉推進担当など子どもに関係するさまざまな部署の職員による情報交換が行われ，おとな同士のゆるやかな連携という広がりも垣間見えた。

　前述したように札内北小学校の実践は，士幌中央中学校における和田の実践を継承したものである。そして札内北小学校における子ども参加の学校づくりは省察的な検討によって明らかになった，待つことによる支えという実践知を

共有することを通して，近隣の他の小学校・中学校にも広がりを見せつつある。この意味で，この権利としての子ども参加を機軸とした学校づくりは，札内北小学校だけの実践ではなく，十勝というコミュニティの取り組みであるといえる。

子ども通信社VOICEの子ども参加実践では，子ども記者が取材を進める過程において，記事に子どもの声を反映させるために不可欠な要素として省察が日常的に行われていた。子ども自身のあるいは支援者の省察は，新たに加わる子ども記者・おとなスタッフや，子ども記者を経ておとなスタッフとなっていくメンバーが活動を受け継いでいくためにも重要な意味を有する。それは，自治体や学校に比べて支援基盤が脆弱であるNGOの特性から見ても，団体を存続させる上で無視できない取り組みであった。

(2) 支援の実践知から支援システムへ

第4章では，「ゆらぎ」に着目して，暗黙知として言語化されないまま実践の原野に埋もれていた知を，実践の省察を通して浮き上がらせた。そして，実践知が広く共有されることで，子ども参加支援実践そのものが広まりと深まりをもつものになっていくさまを明らかにした。ところが，権利としての参加を支援するには，単に実践知を明らかにするだけでは，不十分である。

たとえば，鶴ヶ島市の子ども参加は広がりを見せているものの，それを制度として保障するには至らなかった。制度やしくみがないことは，支援者個人に葛藤を生むこともある。スタッフとして関わる際の辛さについて聞かれた鶴ヶ島市社会教育課職員のQは以下のように答えた。

> 辛いなーはね，子どもの時間に合わせるのは結構大変で，具体的にいうと，土曜日，日曜日に予定が入るので，よその子ども見ていて，うちの子どもはどうするのとか。辛い部分だと子どもの時間に合わせるということで大変な部分がありますね。……幸いにも教育委員会として子ども参加という方針を出しているので，社会教育課だけでなくて公民館とか学校教育課とか，ひとりずつ職員をだしてもらっているのででてきますが，それがなくなって（社会教育課）単独

でやろうと思ったらできないでしょうし，障害をもっている子にも参加してもらっているので，やはり1対1が必要というのもあり，人がいるんですよね。
(Q，30代)

　学校外の参加の場では，子どもを待つことは学校内よりもさらに困難となる。自治体の子ども参加事業の場合，授業の終わった放課後もしくは土日に実施することになるが，時間外の勤務は職員にとって大きな負担となることは，Qの言葉からも一目瞭然である。

　増山は川崎市子どもの権利に関する条例の「子ども参加」に関する規定を実践することは，「きわめてレベルの高い大人の側の（個人ではなく集団の）「指導力」「実践力」がないと実現しえない」と指摘する。さらに，そのような能力が大人の側にあったとしても，それぞれの具体的な場面で「一つひとつねばり強く，新しく起こる問題を解決していかねばならない継続的・持続的努力」が求められると論じている（増山，2001：60-61）。これに関連して，喜多は，①自発的な参加を促すための専門性を有した支援者が必要である，②担当職員が支援する場合は，異動で支援が途切れてしまう危険性がある，③子ども参加の日程が土日に集中することで，職員の過重負担になる恐れがあることの3点から，地域独自のファシリテーター養成等の必要性を提示した（喜多，2008b：78）。このように，子ども参加支援の継続性，持続性を考慮するとき，ひとつひとつの支援を制度やしくみによって支えていかねばならないという課題が見えてくる。

　全庁的な合意形成という課題もある。上述したように，鶴ヶ島市社会教育課職員のQは，施策づくりにおける子ども参加を保障していくには，「子どもの成長に対する配慮と，まちづくりに子どもの声を生かすという作業の両立が必要であり，教育委員会と首長部局との連携が不可欠である」として全庁的な協力体制が必要であることを指摘した。

　だが，関連部局との連絡調整は困難が伴うことも事実である。加えて，市長や教育長といったトップが交代することで方針が変更されることも十分考えら

れる。鶴ヶ島市教育委員会は，2001年度から子どもの主体的な参画のために「子どもは小さなまちづくり人」という考え方を重点施策の柱に位置づけ，子ども参加のさまざまな取り組みをすすめてきた。しかしながら，2005年秋の市長選挙を経て当時の松崎教育長が辞任したあと，新しい教育長のもとで策定された2006年度重点施策からこの文言は消え，子ども参加は市民参加の枠組みの中に含まれるものとして扱われるに至った[27]。

　子ども参加は「初めに制度ありき」ではない（喜多，2004b：52）。だが，鶴ヶ島市のように，子どもフリートークから始まった子ども参加の波が，市政全般へ波及しつつあったにもかかわらず，市政の方針転換で急速に実践がしぼんでしまうのでは，やはり子どもの参加の権利を保障しているとは言いがたいであろう。

　つまり，省察から生み出された実践知を，現場にだけでなく社会全体に定着させていくことが必要なのである。何らかの課題に直面するとき，人は新しいシステムを生み出す。先に今田が指摘したように，支援実践は，ひとつひとつの支援がバラバラのままでは確立されない（今田，2000：12）。支援をつなぐシステムが必要である。

第7節　制度を支える実践，実践を支える制度

(1) 自治体と市民との協働 —— 子ども参加支援者の専門性の視点から

　日本国内ではこれまで，子どもの権利条約の広報や，子どもの実態調査，子どもの権利救済に関わる窓口の設置，児童虐待などの被害者救済ネットワークの構築，子ども参加事業，子ども憲章といったさまざまな形で，自治体における子どもの権利保障の取り組みが展開されてきたが，これに加えて条例の制定という新たな動きが2000年前後から見られ始めた。子どもの権利条例は地域の実情に合わせて制定される。そのため，そこでくらす子どもの声をいかに吸い上げるかが決定的に重要となる。したがって，子ども参加実践の具体的な担い手が誰であるのかが問われることとなる。

多くの自治体が子どもの声をていねいに集める中で，職員が支援者の役割を担うことが少なくない。ところが，職務のひとつとして子ども参加支援に専念できることは稀であり，他の業務をこなしながら，子ども参加支援を担うことが多い。このような状況では，喜多も指摘しているように，十分な子ども参加支援ができないばかりかその継続性も危ぶまれる（喜多，2004b：46）。これは，制度そのものの欠陥というよりも，運用上の問題であるが，このような中で生まれてきた試みが，直接の子ども参加支援を NGO/NPO が担うという形での市民との協働である。

滋賀県では，1997 年度を初年度，2005 年度を完成目標年度とする子育て支援総合計画「淡海エンゼルプラン」を策定し，さらに後半期の重点施策を「淡海エンゼルプラン後期重点計画」として 2001 年 10 月に策定している。この流れの中で同県は，2000 年度より 21 世紀子ども参画社会づくり事業を展開してきた。この子どもの社会参画の事業は「21 世紀淡海子ども未来会議（J21）」，「子ども遊びサポーター養成講座」，「子どもワーク会議」によって構成されている。

J21 では，小学 4 年生から中学 3 年生までの子ども議員による 1 年間のキャンプやフィールドワークなどを通して，体験活動や社会学習を行い，そこから得たものに基づいて子ども議員が年度末に実施される「子ども県議会」で提言し，おとなと交流したり意見交換を行ったりしている（東，2003：28）。

J21 の前身である「ジュニアボード事業」は 1999 年度に行われたものであるが，そこでは「"サポーター組織"拡大の一方で，子どもの主体性を引き出すために，今まさに子どもと向き合っている場面で，答えを誘導してしまったり，支援のタイミングを逸したりするなど，サポーターの間で子どもへの対応の違いや迷いがでるなど，サポーターとしてのスキル不足が問題となってきた」（東，2004a：32）。そこで，滋賀県健康福祉部児童家庭課は，2000 年度より専門的知識を有する NGO である生涯学習研究所 SOUP とともにサポータートレーニング事業を開始した。

そしてこのサポータートレーニングを発展継承する形で始まった事業が，子

ども"遊びサポーター"養成講座（CAST, Children's Action Supporter's Training）である。J21のサポーター養成のねらいに加えて，①もっとも身近な地域社会で子どものエンパワーメントを支援するおとなの確保，②子どもの活動に関わるおとなのネットワーク化（人的資源の掘り起こしと情報交換）を目的とする（東，2004a：33）。CASTは，現在は，NGOであるSOUPの研究員が代表を務める環境レイカーズが委託事業先となって運営している。

また，名古屋市は，子どもの権利条例の制定にあたり，すでに子ども参加に定評のあるNPOを直接の支援者として公募で選び，委託契約を結んだ上で子どもの意見聴取を実施した。市民が行政のパートナーとして力量を形成していく上でも，子ども参加の質を担保する上でも，これは注目すべき取り組みといえる。

子ども参加支援に関しては，川崎市子どもの権利に関する条例に基づいて開催されている，川崎市子ども会議のサポーター養成講座が挙げられる。この養成講座には，子ども会議OBの受講もみられるようになってきた。支援を行う中心は依然として行政職員であるが，養成講座の修了者が直接的な支援者へ移行していく可能性もあるし，近江八幡市のように子ども会議のOBが中心となって子ども参加支援のNPOを立ち上げるという選択肢もある。また，子ども参加支援者の養成や滋賀県が手がけた派遣システムの構築は，子ども会議を設けていない目黒区などの自治体や，条例はないものの子ども参加事業を展開している自治体にとっても参考になる。

子どもの社会参加を促し，子どもが権利主体として自立していくことを目指すのであれば，安定的で継続的な支援が不可欠である。そのためには，地域にくらす市民やNGO/NPOへと子ども参加支援をひらいていき，裾野を広げていくことが重要であろう。だが，ここで確認しておかなければならないのは，子ども参加支援を自治体職員だけでなく地域全体で担っていくのは，安価な労働力として市民やNGO/NPOを利用するためではなく，子ども参加支援者の専門性の観点から必要だということである。

市民やNGO/NPOとの協働の名の下に，コスト削減のためにNPOや市民や

大学生ボランティアを活用する例も散見されるようになってきた。子ども参加の支援者には非正規雇用が多く見られるが，そのひとつが冒険遊び場において遊びを支援するプレイリーダーである。川崎市子ども夢パークのプレイリーダーである嶋村仁志は，各地の遊び場で「市民サービスの拡大と称して，長時間開園」が実施される一方，そこで働く職員の多くが非常勤職であることから，「職員間のコミュニケーションが難しく」なり「場当たり的な現状維持の運営が常態化」していることを指摘した。嶋村によれば，「プレイワークに関わるおとなが非常勤・パート化することで，専門職として子どもや地域，社会と関わりを持ち，長年かけてその職域を広げることができる人材は激減することが予想される」(嶋村，2006：15-16)。

子ども参加支援者の非常勤化は，子ども参加支援の質の低下を招く。これに対しては，子ども参加支援者の専門性を実践知として共有することで，子ども参加支援者の意義を自治体や市民に理解してもらうとともに，子ども参加だけでなく子ども参加支援を政策課題として浮上させていかねばならない。とはいえ，自治体が，子ども参加支援に財政的な裏づけを与えたとしても，参加支援は市民に，条件整備は自治体に，と完全に相手に任せるのでは歯車がうまく回らない。それは，実践から制度を構築し改善していくプロセスに，子ども参加支援者のまなざしが必要とされるからである。

(2) 実践を支える制度構築 —— 課題設定主体は誰か

子どもの権利基盤型アプローチと呼ばれるものは，子どもの権利条約の趣旨や規定に準拠して，立法・行政・司法作用を展開しあるいは実際の日常的活動をすすめる考え方である。荒牧重人は，子どもの権利が法令として規定されていない日本の状況をかんがみると，子どもの権利基盤型アプローチはよりいっそう重要であることに着目して，多くの自治体が採用しているニーズアプローチとの異同を具体的に検討していくことの重要性を指摘した。同時に，「子どもの置かれている状況」によって「子ども施策の重点あるいは優先施策は違ってくる」のであるから，「その自治体の子どもの思いや願いをもとに子ども施

策の基本的な考え方や内容を作成していく」必要があり，「条例が子どもの思い・願いを反映していなければ子どもには届かない」(荒牧，2008：20)。

　単なるニーズアプローチではなく，子どもの権利基盤型アプローチによる条例制定を重要視しながら，「子どもの思い・願い」に力点を置くためには，どうすればいいだろうか。言い換えれば，子どもの権利基盤型アプローチによる子ども参加は，ニーズアプローチによる子ども参加とは何が異なるのであろうか。高木は「「子ども条例」の中に子どもの権利条約の理念を盛り込むことは必要であるし，可能であれば子どもの権利条約に則った条例であることを条文として明示すべきであろう」としながらも「ただ，このような"天下り的"発想だけで，「子どもの権利」の条文化や理念の反映を目指すことは，現在の日本の地域社会からは受容されにくいばかりか，無用な反発を受けることになりかねない」のであり，「地域の中で，「子ども条例」づくりに取り組もうとするときには，まず，地域の子どもを見つめ，地域社会を見つめることからはじめなければならない」(高木，2008：91)と述べているが，子どものニーズあるいは子どもの現実や地域の現状は，誰の目にも明らかな形でたやすく認識されうるものであろうか。

　残念ながら，子どもの現実や地域の現状は，明白な課題という形をとって，見出されることは稀である。ニーズは，多くの場合，現時点において支援が欠けている部分のうちもっとも支援の欠けた部分が最上層になって現れる。そのため，ニーズは階層的に生じざるを得ず，状況や個人，環境毎に異なる。そのためより切迫しているように見えるニーズに対応しようとすると，表層化していないより深刻なニーズを見落とすことにもなりかねない。

　加えて，子どもの現実や地域の現状は，社会が取り組むべき課題として当初から共有されているわけではない。ときには，社会全体で共有すべき課題は，個人の問題として矮小化され表舞台からは隠されて，個人に我慢を強いることもある。子どものつぶやきも，それを受けとめてくれる者がいなければこぼれ落ち，現実に埋没してしまう。課題は，そのままでは，誰からも意識化されずに忘れ去られる。

ゆえに，課題の発見には当事者のエンパワーメントが必要であり，支援者の存在が不可欠なのである。課題は，当事者である子どもの意見表明・参加を積み重ねていく中で，支援者であるおとなの目と耳を通して，あるいは，エンパワーされた子ども自身の言葉によって，初めて現実から浮き彫りにされ発見されるのである。したがって，子どもの権利基盤型アプローチによって「子どもの思い・願い」から課題を掘り起こし制度へつなげていくことは，やはり根底においてニーズアプローチによる応急処置的な対応とは異なるといえるだろう。

　課題を掘り起こし，制度へとつなげるプロセスを考えるとき，その広がりや大きさ，時間の長さに気づく。実践で得られた知を制度改善へつなげるためには，課題を掘り起こせる支援者が必要であり，継続性が不可欠となり，子ども参加を中長期的な視野で支えるしくみが必須となる。それは，管理のための法的枠組みではなく，支援実践を支えるための柔軟な法的枠組みである。そうした法的枠組みを実現するために，社会そのものを支援型に組み替えていくことが求められていると言えるのではないだろうか。

注
(1) なお，この会議では，①東南アジアでの子ども買春の加害者が日本から来ていること，②子どもポルノのほとんどが日本から発信されていることなどがとりあげられ，日本が非難された。これをきっかけに，1999年日本では「児童買春・児童ポルノ処罰法」が制定された。
(2) 正式名称はInternational Conference on Young People's Participation Against CSECである。
(3) 夏季取材に関わる記録は，「ふりかえりシート」と呼ばれるA4サイズの紙に，取材の合間に感じたことを，子ども記者とおとなスタッフの全員がひとりひとり，一日の終わりに省察的に記録したものである。
(4) 配信記事のほかに，分析に用いた資料としては，リーフレット，ニュースレターなどがあり，新聞や雑誌，ウェブを通して一般に公開されたものを使用した。
(5) なお，この子ども通信社VOICEへのインタビュー（2005年3月13日），札内北小学校教員へのインタビュー（2004年8月29日），鶴ヶ島市インタビュー（2005年3月6日）は，特定非営利活動法人青少年育成支援フォーラム（JIYD）が，財団法人トヨタ財団およびルーセント・テクノロジー財団の助成によって実施した「「子どもの参加／参画」実践の普及促進のための調査」の一環として実施したものである。

筆者は，JIYD 客員研究員として，JIYD 国内事業統括（当時）の鈴木祐司とともに，調査の実施にあたった。インタビューの質問項目作成と札内北小学校教員へのインタビューは鈴木との共同で，子ども通信社 VOICE および鶴ヶ島市へのインタビューは鈴木が，結果の分析は筆者が担当した。筆者は，子ども通信社 VOICE ではおとなスタッフとして，鶴ヶ島市ではファシリテーターとして対象者と継続的に関わっていたため，調査への影響を考慮して，鈴木が直接のインタビューを担当した。

(6) 2002 年度，2004 年度は国内外 2 箇所を取材対象としており，取材チームも 2〜4 名の少数であった。

(7) 幕別町立札内北小学校『学校経営の概要 2001』および校長へのヒアリング（2002 年 10 月 15 日）。

(8) 特殊学級の「あすなろ」を含む。

(9) 幕別町立札内北小学校『本校の姿』2002 年度参照。

(10) このうち，2004 年 9 月〜2005 年 1 月は，筆者の産休のため，ファシリテーションは社会教育課職員が中心となって担った。

(11) 「現在の子ども自身」を「小さなまちづくり人」として，まちづくりの主体として考えていることに鶴ヶ島市の特徴がある。子どもの将来のためにおとなが代弁するのではなく，子ども自身がまちづくりの主体であり，おとなのパートナーであるという子ども観は，鶴ヶ島市教育委員会が子どもの権利の本質を捉えていることを示している。

(12) 伊藤義明「学校を子どもたちの手で〜完全学校 5 日制に向けた新たな学校の創造〜」, 日教組第 50 次教育研究全国大会第 21 分科会「教育課程づくりと評価」別冊資料, 2001 年参照。

(13) 三寺康裕「『子ども参加』を支える教育課程の自主編成」，第 52 次合同教育研究全道集会第 17 分科会配布資料，2003 年参照。

(14) 澤田治夫・和田真也・伊藤義明・喜多明人・荒牧重人「座談会　十勝の子ども参加実践を検証する」『子どもとともに創る学校』日本評論社，2006 年，p.164 などを参照。

(15) 6 年生では，道徳 35 時間を使って子どもの権利学習が実施され，終了後のアンケートでは，学校全体で「条約上のどのような権利が守られていると思いますか」に対し，第 12 条がもっとも多く 46％，第 28 条が 44％，第 31 条が 42％という結果となっている。

(16) 鶴ヶ島市教育委員会『つるがしまの教育』，No.107，2003 年，p.7 参照。

(17) たとえば，子どもの権利条約総合研究所が 2005 年 10〜12 月に 5 市 1 町で実施した「子どもの安心と救済に関する実態・意識調査」（獨協大学法科大学院委託事業）によると，「おとなからの傷つき体験」に対して「がまんした」割合が 30.2％〜60.9％ともっとも高くなっていることからもうかがえる。（内田，2008：10）

(18) 鶴ヶ島市教育審議会『鶴ヶ島らしさのある教育の創造に向けて―教育大綱案（学校教育部門）―（答申）』，2004 年 5 月，pp.16-19 を参照。

(19) 「掃除の回数を減らし，まとまった遊びの時間を生み出す工夫」は 2004 年度，鶴ヶ

島市立南小学校で早速実施された．
(20) 鶴ヶ島市教育委員会『鶴ヶ島らしさのある教育の創造に向けて―教育大綱案（学校教育分野）―答申』，2004年5月，p.1を参照．
(21) たとえば，『つるがしまの教育』では，シリーズ「子どもは小さなまちづくり人」の欄を設け，子ども参加の各種事業を紹介している．
(22) 当日の取材対象者．
(23) 子ども通信社 VOICE『VOICE NEWS LETTER』，No.7，2004年1月，2面．
(24) たとえば，第51次教育研究集会では，「従来の児童参加・生徒参加とはどう違うのか」といった指摘が見られた．
(25) 鶴ヶ島市教育委員会『つるがしまの教育』，No.110，2003年，p.6を参照．
(26) 2004年12月から2005年1月にかけて実施したQ氏へのインタビューによる．
(27) 重点施策として実施された子ども参加事業である，子どもフリートークの，教育大綱の策定への意見反映という役割は2005年度で終了した．子どもフリートークの特徴でもあった障害児にとっての社会参加の場は，今後も何らかの形で残す方向にある．2006年度は移行緩和措置として予算・回数を縮小して実施した．

終章　子ども参加支援論研究の到達点と課題
――子ども支援学の構築を目指して

第1節　各章の総括

　これまでの各章においては，子ども参加支援理論の構造を分析し，子ども参加支援実践における支援者の専門性とその役割を実践知の観点から明らかにすることによって，実践の省察から生み出される制度改革の可能性を提示し，理論・実践・制度の重層的構造の分析を通じて子ども参加支援論を総合的に検討することを試みた。第Ⅰ部においてはまず，日本における，子どもの権利としての参加に関する研究の到達点を確認した上で，子ども参加支援研究の必要性を示し，その研究の視角を定位する要因として新しい専門職像，そしてその専門職像を探る鍵となる「ゆらぎ」と省察，理論と実践と制度の乖離という課題を浮上させた（序章）。子ども参加支援とは，根源的には，子どもの生そのものを支えることにほかならない。最近まで，乳幼児は多くの学問分野において対象外とされ，もしくは「力のない弱い存在」として位置づけられてきた。しかし，発達行動学や発達神経学，脳科学の近年の研究成果から「力のある存在」という赤ちゃん像が台頭し，子どもの権利論においても保護の客体から参加の権利の行使主体へと赤ちゃん観が変容した。赤ちゃん観の変容はまた，おとなに対して子ども参加を支援する新しい力の獲得を要請する（第1章）。新しい力が登場した背景には，海外における子ども参加支援理論の展開がある。子ども参加支援モデルとして活用されるハートの「参加のはしご」は，子どもの自主性に着目し，子ども参加を支えるおとなへの警鐘としてつくられたものであったが，ジョンらは「参加のはしご」に触発されて子ども参加実践のモデルを提

示するに至った。ハートの「参加のはしご」とジョンらが提示したモデルを同列に扱うことは難しく，「参加のはしご」が内包する理論的限界についても考慮しなければならない。また，ハートが「非参加」とした部分は，状況的学習論の観点から見ればむしろより深い参加に向けた準備段階であり，支援を必要とするプロセスでもあることを示した。ドリスケルの「子ども参加の諸側面」は，エンパワーメントに即した子ども参加支援モデルであり，子ども参加支援理論が子どものエンパワーメントを基底にしなければならないことを示した（第2章）。一方，子どもとおとなの関係は，予定調和的なパートナーシップ的関係となるとは限らない。子ども参加支援の困難さは，パワーで優位に立つおとなが子どもをエンパワーするという構造にあり，両者の利害が一致しないとき，おとながそのパワーの差を考慮せずに子どもと衝突した場合には子どもの権利への侵害が生じうる。ゆえに，子ども参加支援者の役割を引きうける者には，絶え間ない実践の模索と省察が必要不可欠である。加えて，暗黙知として各人のなかに埋め込まれているわざを，実践知として社会にひらいていくことは，実践が子どもの権利保障につながっているのかどうかの検証としても機能し，また，支援者同士の力量形成の場にもなりうるものとして注目される（第3章）。

　第Ⅱ部では，以上の理論研究を踏まえ，NGO/NPO・学校・自治体を舞台とした子ども参加支援実践における支援者の「ゆらぎ」に着目して，実践のあり方を省察的に分析した。その結果，子ども参加支援者について，広く一般に言われているような「引き出す」という役割とは異なる役割のあり方が浮き彫りになった。そこから見えてくるのは，一見すると受動的で何もしていないようにさえ思えるものの，その実，子どもとおとなのパワーの対等性を意図的にもたらすよう作用している「待つこと」，「聴くこと」の実践知であった。パワーの対等性が成立することで，子どもたちは支援者であるおとなに対して問いかけるようになり，そこから対話が生まれてくるのである。対話は，自らの学びと省察を促し，やがて，子どもは支援されつつもおとなとともに探究する学びの主体へ，問題解決の主体へと変化していく。ところが，権利としての参加を

支援するためには，単に実践知を明らかにし広く共有するだけでは不十分であり，ひとつひとつの支援をつなぐ支援システムが必要である。子どもを取り巻く社会環境を変えていくためには，課題をそのまま放置するのではなく制度構築へとつなげなければならず，そのためには子ども参加支援実践を支えることができる柔軟な支援型の法的枠組みが必要となること，ひいては社会そのものを支援型に変えていく必要があることが明らかになった（第 4 章）。

　子どもを取り巻く社会そのものを支援型に変えていくとは，具体的にはどのようなことであろうか。第 2 節では，子どもに身近な分野である教育と福祉の権利の統一的保障の観点から，子ども支援学構築に向けて試論を展開したい。

第 2 節　子ども支援学の黎明

(1) 教育と福祉の権利の統一的保障

　教育と福祉は子どもに身近な領域であるが，教育と福祉の学際的研究領域としては，教育福祉論がある。高橋によると，教育福祉論には，①社会効用論的教育福祉論，②学校福祉＝学校社会事業としての教育福祉論，③学習権保障論としての教育福祉論の 3 つの潮流がある（高橋，2001：226-229）。

　社会効用論的教育福祉論は，「教育福祉の内容を主として経済的な視点から究明しようとするもの」であり，市川昭午の研究（市川，1975）がその代表といえる。市川は，教育福祉には「広義の教育サービスに含まれる社会福祉的サービス」と「教育がもたらす経済福祉的な帰結」と「教育およびその結果が有する総体的福祉機能」があるとし，それぞれを「教育の社会福祉」，「経済福祉」，「総福祉」と呼んだ。社会効用論的教育福祉論の眼目は，福祉国家，福祉世界の実現のために教育サービスが果たす有効性を追求するところにあり，「教育支出（＝教育投資）の経済的効果を期待する政策的な立場から教育の機能を評価する発想」が貫かれている。高橋によればこの系統の教育福祉論の問題点は，「教育の条件整備が進むことによって豊かな社会＝「福祉国家」を実現しうるかのような幻想，すなわち教育イコール福祉であるかのような理解を与えかね

ない」ことである（高橋，2001：226-227）。

　学校福祉＝学校社会事業の教育福祉論は，教育を学校教育に限定するものであり，アメリカ(1)やイギリス(2)の学校教育制度との関連で展開されてきた。そこでの福祉は「就学保障ないし就学督励を中心とし，学校教育を正常に受けさせるための児童生徒およびその親に対する助言指導，およびその条件整備に関すること」である。これらは，日本においては学校教育における生活指導，進路指導，修学の条件整備に関する事柄として位置づけられてきたものであり，「従来学校教育の諸活動のなかに埋もれてきた局面に光を当て，その意義をとらえかえす積極性をもっている」ものの，福祉の内容と位置づけについては，今後も吟味が必要である（高橋，2001：227-228）。

　学習権保障論としての教育福祉論は，「社会福祉とりわけ児童福祉サービスそのものの性格と機能の中に，いわば未分化のままに包摂され埋没させられている教育的機能ならびに教育的条件整備の諸問題」として，児童福祉の対象とされるような困難を抱えた子どもたちの教育権の問題に焦点をあてて展開されてきた（小川，1972：5）。その後，小川は再びその概念規定を試み「今日の社会福祉とりわけ児童福祉サービスのなかに，実態的にはきわめて曖昧なままに放置され，結果的には軽視され剥奪されている子ども・青年さらに成人の学習・教育権保障の体系化をめざす」研究分野として教育福祉論を捉えなおし，子どものみならず成人の学習・教育権保障を視野に入れた，より広い教育と福祉の権利の統一的保障を目指した（小川，2001：2）。

　ここで，小川の教育福祉論が恵まれない子どもに焦点を当てているのは，ほかのすべての子どもをないがしろにするものではない。養護施設児童の後期中等教育保障や重度の障害児の教育保障に見られるように恵まれない子どもたちの現実には，「個別のニーズ」という形で課題が凝集している。すなわち教育福祉論とは，「現実に困難を抱えている子どもたちの問題に引き寄せて，その教育保障の内実をすべての子どもの権利にふさわしいものにしていく提起」であり，「教育を受ける権利の保障の問題としての教育福祉の問題は，学習権の条件整備保障および内容保障，学校でいえば就学権と修学権の保障の問題」で

ある (高橋, 2001：228-229)。

このことに関して遠藤は,「一人ひとりの子どもの権利を保障するために, 個別ケースの発達課題を「個別的ニーズ」に即して明らかにし, その学習＝発達課題を乗り越えていく筋道が追求されなければならない」(遠藤, 2005：6) として, 教育と福祉の権利の統一的保障に向けた新たな視座を提示した。遠藤によると, 教育と福祉の権利の統一的保障をめぐっては, ①親と子の二世代にわたる発達＝学習権保障, ②不利益を被っている層への手厚い保障, ③教育と福祉の権利の基盤としての医療, 司法, 遊び・休息等の全体的な権利保障, といった課題が現段階において問われている。そして, これらの課題に取り組むにあたって必要とされるのは,「ニーズ基盤型アプローチから権利基盤型アプローチへの転換」であり, さらには厳しい自治体の財政状況を踏まえた支援である (遠藤, 2005：9)。

(2) 教育福祉論から子ども支援学へ

権利基盤型アプローチ (the rights-based approach) とは,「(a) 国際人権法の目的および諸原則[3]を充分に踏まえ, (b) 条約締約国としての実施義務・説明責任を前提として, (c) 条約および関連の国際人権文書の規定をホリスティックにとらえながら, (d) 権利の保有者を軸とした対話, 参加, エンパワーメントおよびパートナーシップの精神にのっとって, (e) 子どもの人権および人間としての尊厳の確保につながる変革をもたらそうとするアプローチ」である (平野, 2004a：78)。

平野は, 国連・子どもの権利委員会が, 締約国報告書の審査に際し「福祉 (ニーズ中心) アプローチ」との対比で権利基盤型アプローチに言及していることに着目した。国連・子どもの権利委員会は, 従来の「福祉 (ニーズ中心) アプローチ」から権利基盤型アプローチへの転換を締約国に迫っているが, 二者の相違に関しては, セーブ・ザ・チルドレン世界連盟作成の「権利基盤型アプローチとニーズ基盤型アプローチ」が参考になる。

ニーズ基盤型アプローチにおいては,「ニーズの階層性」―たとえば「教育

よりもまず食糧」といった「他のニーズよりも重要なニーズ」が存在しうる。権利基盤型アプローチにおいては，権利は不可分であり相互依存的であるためにばらばらにはできないという考え方がとられる。遠藤は，「食糧を確保するためにも学習を積み，生産力をあげることを考えるという発想は，教育と福祉の権利の統一的保障の考え方に共通する」と指摘している（遠藤，2005：9）。

　権利基盤型アプローチの特徴のひとつは，「ホリスティック（holistic）」な視点を重視していることにある。「ホリスティック」という用語は，主として医学や教育学の分野において用いられてきたものであり，全体を意味するwholeから派生した言葉である。「ホリスティック」な見方においては，「個別の要素の関係を包括的に把握したうえで，その関係のあり方を変容させていくこと」[4]（平野，2004a：83）が目指されるが，それは子どもの個別のニーズに目を向けつつその子どもが関わる社会全体を変革していくことにつながる複眼的アプローチであるといえる。

　このように，権利基盤型アプローチが重視するのは，教育と福祉の権利の統一的保障だけにとどまらない，より包括的な視点である。確かに，権利基盤型アプローチは，小川らに代表される教育福祉論と相通ずるものがあるが，子どもの権利の実効的保障のためには，教育と福祉に限定されないより包括的な支援こそが求められている。それゆえ，まさにここにおいて子ども支援学という学問的枠組みの必要性が浮上するのである。

（3）子ども支援学の基盤としての子ども参加支援論

　森田は，2005年度から自治体における取り組みが始まった次世代育成支援行動計画には子どもの権利に関わる9つの特徴があり，それは子ども参加・エンパワーメント・アドボケイトの必要性が認識されて組み込まれたものであるが，これを具体化するには既存の自治体の体制では人的にも財政的にも困難が伴い，NPOをはじめとする「新しい視点と援助技術をもった援助者が必要になる」（森田，2006：7）と指摘する。

　子どものエンパワーメントに従事する新しい支援者として森田は，「地域で

子どもたちと遊ぶという，これまでは子どもたちや親子にゆだねられほとんど放置されていた場面で活動をはじめたプレイリーダー」，「生活支援をするホームヘルパー」，「児童養護施設で暮らす子どもの自立支援を専門的に担う自立支援員」，「子どもが社会に参加しようとしたときにその方法や知識を提供する子ども参加ファシリテーター」，「学校内で子どもの関係を調整するスクールソーシャルワーカー」，「未成年後見人」，「子どもオンブズパーソン」，「家庭裁判所調査官」などを想定しているが，「子どもを固有に対象とする人材の育成は，組織的にほとんど行われておらず，新しいニーズに対応する専門性の開発や研究もまだ少ない」のが現状である（森田，2006：8）。

　新しい支援者のあり方について考えるためには，「従来の教育学や保育学のみならず心理学，医学，法学，社会福祉学など多様な分野で養成され，派遣されてくる子ども支援の「専門家」を，子どもの権利という視点で捉え直すことが必要であると森田はいう。これは，現実に即してより具体的にいえば，子ども支援の従来型の「専門家」が，権利基盤型アプローチに依拠して自らの実践を省察し，そこから再び実践へ，そして制度改革へとつなげていくことが必要であるということである。子ども支援は「子どもが持っている固有性に対応するがゆえに，子どもの成長にしっかり寄り添い，子ども自身の声を聞き取り，一緒に歩むという方法を認識して実践」（森田，2006：8）しなければならず，それは子どもを核として，子どもとおとながひとつひとつの実践を確かめながら，少しずつ社会全体を編みなおしていく営みである。

　こうして，さまざまな子どもの「専門家」のあり方を子どもの権利の視点から貫くことの必要性にたち至るのであるが，それについて考察する手がかりになるのが子ども参加支援者に求められる専門性であろう。それは，子ども参加が自治体における子どもの権利の実効的保障のための「黄金の糸」（平野，2003：97）であり，また，権利基盤型アプローチに不可欠な要素であるだけでなく，生きることがすなわち参加することであるという人間の根源的な生存様式に呼応するものである。

　子どもが生きることは，子どもが自らの生に参加することにほかならない。

ゆえに，子ども参加を支援することは，子どもの「専門家」が関わるあらゆる活動の根底に据えられなければならない。また，子ども参加支援者とは単に子どもの社会参加を促す存在ではなく，子どもの「専門家」が共通して有すべき「専門性」を備えた人であるというべきである。以上のことから，子ども参加支援論とは，子ども支援学の礎となるべきものであることがわかる。

第3節　子ども支援学の構築と子ども参加支援研究の意義

(1) 基本的な権利としての子ども期

　子どもの固有性が，女性や外国人，障害者といった単なる社会的カテゴリーのひとつとして片付けられてしまったとしたら，子ども支援学は，子どもの権利保障にはつながらないだろう。子ども支援学は，子どもが子どもである時間を支えていくことを引きうけるのであり，支援者がみなかつて子どもであったがゆえの難しさを内包している。子ども時代を脅かすまなざしは，子どもを支援するおとなの中にさえ創られてしまっている。

　NPO法人アフタフ・バーバン[5]代表である北島尚志は，現代は「保育者にとって大変な時代」であるという。それは，保育者には「いろいろな敵との出会いがある」からである。北島のいう「いろいろな敵」とは「自分らしさを発揮できない要因」のことである。子どもの周りには「ボール遊び禁止，あれはしてはいけない，むこうはあぶないからいってはいけない」といった「禁止のまなざし」があふれている。この「禁止のまなざし」は，子どもだけでなく子どもを支援するおとなの足をもひっぱる（北島・鈴木，2006：74）。

　北島は，児童館における子どもとの出会いの中から，子どもの時間の特質として，①やりたいことを見つけ，自分のペースでやりきること，②面白さに向かって，誰からも強制されずに，自ら選び取ること，③やりとりの中から，遊び心が広がっていくこと，④そこに，願い，自分らしさが眠っていること，の4点を挙げた（北島・鈴木，2006：80）。これらは「大人側からすれば，はみ出した，余計な，しなくてもいいこと」であるがゆえに，おとなたちは「意味の

ない，しなくてもいい事に目を閉じ，意味のある，今やるべきことをやりなさい」と子どもに指示してしまう。だが，「意味のない，しなくてもいい，余計なことの中に実は，子どもが自分らしさを発揮する，大事な力をはぐくむもの」がある（北島・鈴木，2006：81）。

　子ども支援の現場にいる支援者の多くは経験的に，「意味のない，しなくてもいい，余計なこと」が子どもにもたらすことの大切さを知っている。しかし，「意味のある，今やるべきことをやりなさい」という社会の空気に押され，支援の方向性がゆらぎそうにもなる。

　浜田寿美男は，「おとなもかつては子どもだった」にもかかわらず，「かつて子どもだったものも，おとなになって子どもに対したとき，今度はそのおとなの位置から，子どもの中に「いずれおとなになるべき存在」を見，ひたすらおとなへいたる道筋を描こうとする」として，子ども期を奪うことへ警鐘を鳴らした（浜田，2002a：306-307）。

　「子どもが子どもの時間を生きるとは，子どもが対立・葛藤・共感・達成を繰り返し，遊びの魅力でつながるということ」であり「生き合う力を育む」プロセスであると北島は指摘する（北島・鈴木，2006：87）。子どもの「現在」を見つめることは，しかし，おとなにとって現実には困難である。浜田は学校という場で当たり前に語られる「力を身につけて，将来それを使って生きる」という考えが，子どもたちに生き方の歪みをもたらしたのではないかという疑念を表明する（浜田，2002b：15）。そして「人はみな，何か新しい力を身につける以前に，その時その時なんらかの力を持っているわけで，その力を使ってそれぞれの〈いま〉を生きている。……将来のためにどのような力を身につけさせればよいかを考える以前に，まずは子どもたちがどのような力を手持ちのものにしていて，それを使っていまどのような世界を生きているのかを考えることが基本ではないか」と述べ，「将来のために〈生きるすべ〉を身につけるということばかりに目をやって，子どもたちの，そして私たちの〈生きるかたち〉を見失ってはいないか」と，問いかける（浜田，2002b：16）。

　子どもは，「現在」を生きる存在であり，子どもの時間は未来のためだけに

費やされるものではない。だから，子ども支援は，何よりも子どもが「現在」を生きることを支えなければならない。

　かつてルソーは，「人は子どもというものを知らない。子どもについてまちがった観念をもっているので，議論を進めれば進めるほど迷路にはいりこむ。このうえなく賢明な人びとでさえ，おとなが知らないことに熱中して，子どもには何が学べるかを考えない。かれらは，子どものうちにおとなをもとめ，おとなになるまえに子どもがどういうものであるかを考えない」(Rousseau, 1762=1962-1999: 18) と言った。250年経った今も，このルソーの言葉が現実味を帯びて聞こえてくることは，子どもに時間を返すことの難しさを示唆している。現代においてさえ，「人は子どもというものを知らない」がゆえに，子ども支援の基盤とするべきことが何であるのかを見失ってしまう。

　多くのおとなは子ども期を，いつか来る日のための「準備期間」と捉えている。将来の成功のために，現在を犠牲にすることを子どもたちは強いられ，そのことに反論する術はないようにも思える。だが，実のところ，未来のために今を生き急いだからといって，何かが手に入る保証はどこにもない。何より，子ども時代は「人生の確固たるひとつの時期であること，そのあとから人生が始まる仮の時間ではない」のである (Elkind, 1981=2002: 302)。これは，子どもが，子どもであるがままに，世界に参加していることを意味する。

　子どもの権利条約採択から20年が経過してもなお，搾取・虐待・暴力，戦争，保健衛生，HIV／エイズ，環境，貧困，教育といった事象や分野を見るにつけ，依然として世界の子どもの「現在」は奪われ続けているといわざるをえない。子ども時代とは，「子どもに人間として与えられたもっとも基本的な権利」(Elkind, 1981=2002: 303) であり，子ども支援の固有性は子ども期をどう保障するかにある。そしてその成否は子ども参加をどう支援していくかにかかっている。

(2)「弱さ」からの支え

　支援ということに，軸を移したい。

鷲田は，〈幼さ〉と〈老い〉の中に，共通するものを見出して，次のように述べる。「生産性を軸とする社会のなかに老人と子どもを滑らかに（都合よく）組み入れるために，「老残」「老醜」「老廃」を脱臭した「愛らしい」老人と「愛すべき」子どものイメージのなかに〈老い〉と〈幼さ〉が封じ込められてゆく。愛されるにふさわしい老人も，可愛がられるにふさわしい子どもも，ともに受身の存在であることを暗に求められる」と（鷲田，2003：75）。仕事ができること，生産性を機軸とした社会では，高齢者と子どもははじかれ，力を奪われ，受身の存在であることを強いられる。

　ここで子どもに付与される「弱さ」は，おとなにとって都合のよい「弱さ」でもある。子どもが意見を主張すると「子どものくせに」と言われるのは，おとなが抱いている「愛らしい」子ども像から逸脱してしまうからである。子どもが，おとなになるためには「強い主体」になることを求められる。鷲田によれば，「強い主体」というのは「みずからの意思決定にもとづいて自己管理ができ，自己責任を担いうる主体のことだ。そういう「自立した自由な」主体が，社会の細胞として要請される。それ以外の者は，「社会にぶら下がる」ことでしか生きられない保護と管理の対象とみなされる」のである（鷲田，2003：139）。現に，子どもを取り巻く社会制度はその多くが子どもの保護と管理をその目的に掲げ，そこに支援のまなざしはない。子どもを「弱さ」のなかに閉じ込めようとしつつも，子どもに「強い主体」となることを望むことは，子どもからありのままの姿を奪い，おとなの考える子ども像を押し付けることであり，子ども時代を奪うことにほかならない。

　それでは，子どもは子ども時代を奪われたまま，「強い主体」となるべく，「弱い存在」として子ども時代を保護と管理の対象として生きるほかないのか。子どもが「弱さ」を有する存在であるならば，「弱さ」をあるがままに受けとめ，存在を支えることに目を向けてもいいのではないか。

　庄井良信は，かつて「長所（強さ）を見つけては〈すごいじゃないの，やればできるじゃないの〉と評価し，子どもを前へ前へと押しだし，やがて気づいたときは，その子の短所（弱さ）がなくなっていくような働きかけこそが〈指

導〉だと思っていた」という。ところが，その庄井が，教育臨床の現場で，カウンセラーや教師と言葉を交わすうちにむしろ「子どもの弱さをいとおしむ」こと，子どもの内にある「弱さ」もまるごと引きうけていくことが発達援助なのだと認識が変わっていったという（庄井，2002：9）。

「浦河べてるの家」は，社会福祉法人浦河べてるの家（小規模通所授産施設2箇所，グループホーム3箇所，共同住居3箇所）と有限会社福祉ショップべてるからなる共同体であり，主として精神障害を抱えた16歳から70歳代までの約150人とスタッフ20人がさまざまな活動を展開している。ソーシャルワーカーである向谷地生良は，浦河べてるの家の活動を表す言葉として「弱さを絆に」を挙げている。向谷地は，「弱さとは，強さが弱体化したものではない。弱さとは，強さに向かうための一つのプロセスでもない。弱さには弱さとしての意味があり，価値がある。……「強いこと」「正しいこと」に支配された価値のなかで，「人間とは弱いものなのだ」という事実に向き合い，そのなかで「弱さ」のもつ可能性と底力を用いた生き方を選択する」，それが浦河べてるの家であるという（向谷地，2002：196）。

「強いこと」や「正しいこと」だけをよしとするのは，ひとつの価値観でしかなく，実のところ「人間とは弱いもの」であり，この「弱さ」をただ否定的に考えればよいというものではない。鷲田は，支援する側の専門職が，現行の支援制度によって，自分を「強い」主体であると思い込まされているにすぎないという事実を突きつける。「「ぶら下がり」というかたちをとらせるケアの制度化によって，ケアの「専門職」としてその任にあたっているひとは，じぶんが他人によるケアを必要としない「強い」主体だと，（同じくこの制度によって）「弱い」とされている人の前で思い込むにすぎない」（鷲田，2003：142）。

この思い込みは虚妄である。なぜならば，支援とは本来双方向の営みであるからだ。鷲田は，24時間ひっきりなしに誰かの介護が必要な存在である赤ちゃんが有する力に触れて「ケアを，「支える」という視点からだけではなく，「力をもらう」という視点からも考える必要がある」と述べた（鷲田，2001：190）。「弱い存在」であるはずの子どもの参加に対する支援を，多くのおとなたちが

やってみたいと手を上げるのは，実は支援するおとなの側こそが，子どもからたくさんの力をもらい支えられているという事実を裏づけるものかもしれない。

　子どもは，社会的に「弱い」存在である。「弱く」とも，子どものうちには力があり，支援者はしばしばその力に支えられる。支援は，一方通行ではない。被支援者は，実験台でもなければ，支援者の従属物でもない。支援者と被支援者は，互いにパートナーである。それでは，子どもとおとなのパートナーシップを構築するための支援者像とはどのように捉えればいいであろうか。

(3) 新しい専門家像が拓く子どもとおとなのパートナーシップ

　社会参加を促す実践の中には，学びの過程が存在する（Lave and Wenger, 1991=2003）。学びは，子どもの中でだけ展開するのではなく，支援者であるおとなの中でも展開する。子どもとおとなの学びが有機的につながり，互いを支えあうのはどんなときだろうか。

　ショーンは『省察的実践とは何か』の第6章で，ウィルソンというあるひとりのエンジニアの協働的な実践をとりあげている。ウィルソンは，防衛システム研究所でのプロジェクトの経験をもとに，1960年代初期には図書館や病院など地域の施設にシステム分析を適用する組織を立ち上げ，1960年代半ばにはコロンビア共和国カリにあるバジェ州立大学に赴任し，地域の病院改革そして栄養不良問題に取り組んだ。同国の栄養不良の問題には，栄養学者，農業経済学者，経済学者といった各領域の専門家が取り組んでいたのであるが，「それぞれの専門的職業が，自分たちの専門的知識やイデオロギーや関心によって問題に枠組み」を設定していた。これに対してウィルソンは，子ども自身が栄養不良の問題を意識化できるような実践を展開していく。ウィルソンとともにこの取り組みに参加したエイダという学生は，この実践を通じて「私は，誰かが自分たちに代わってやってくれるのを期待するだけでなく，自分の問題を分析し，自分のやり方で克服する方法を考案しなければならないと学んだ」という（Schön, 1983=2007: 212）。

　ショーンが言うように，ウィルソンの取り組みは，コミュニティのメンバー

を問題解決の担い手とする実践であり，その省察的実践を通してウィルソンの「システム・エンジニアとしての実践は，次第に教師としての実践となっていった」のである（Schön, 1983=2007: 215）。柳沢昌一は，「ここでショーンの言う「教師」は，既存の知と技術を伝達し，その「適用」を指導する存在ではなく，協働研究の状況を生み出し，学習者が探究者となりいく過程を支える存在である」と指摘して，「学習者自身が探究の主体として成長していく状況を支える専門職像が提示されている」と述べている（柳沢，2008：400）。これは，既存の専門職像である「「神秘的な熟達」とそれによる支配＝そしてそれに対する受動的な追従という構造を超えて実践の力を培っていくもうひとつのアプローチ」に依拠する新たな専門職像であり（柳沢，2008：200），学習者と専門職のパートナーシップを示唆するものである。

　ウィルソンの実践は，子どもの側から見れば，栄養不良を単なる社会一般の問題ではなく，自分の権利が侵害されている問題として自分に引き寄せて考えていくことで，自身が問題の客体から，問題解決の主体へと変わっていくエンパワーメントのプロセスである。それは，支援者の側から見れば，既存の専門職像を捨て，行為の中の省察を軸として実践を展開することで子どものパートナーという新たな専門職像を手に入れるプロセスである。

　子どもの権利としての参加を実現するには，「とくに子どもの意思を現代社会を構成する市民（＝パートナー）の意思として対等に位置づけ，「共同決定」，「共同責任」を担う形態（子どもとおとなのパートナーシップ）にまで高めていくこと」が必要であると考えられる（喜多，1996：3）が，支援論の観点からいえば，子どもとおとなのパートナーシップとは協働的な探究において成立するのであり，おとなが子どものパートナーとなるためには，おとなが新たな専門職にふさわしいかたちで支援に従事しなければならないのである。これは，支援の双方向性から考えてもうなずけることである。

　行為の中の省察に基づく子ども参加支援者像については，子ども参加支援実践を分析する過程ですでに論じた通りであるが，こうした子ども参加支援研究の成果を，子ども支援学における支援者像の構築にとりいれることによって子

ども支援学における支援者像もまた，既存の専門職像からの転換を免れないのである。

第4節　子ども支援学の展開へ向けて

(1) 子ども参加支援研究の課題

　生きることが参加することであるならば，子ども参加支援は，根源的には子どもの生そのものを支える営みである。

　人は，たくさんの力を持って生まれてくる。赤ちゃんはさまざまな方法で，自分の気持ちを親に伝えようとする。彼らにとってもっとも簡単な方法，もっともおとなが気づきやすい方法は泣くことである。泣くことは，何らかのメッセージを伝えようとする赤ちゃんの意思表明であり，親はそのメッセージを読み解くことを求められる。

　親は，しばしば，赤ちゃんのメッセージを正確に読み取れない。何度も見当をはずしながら赤ちゃんの伝えたいことを読み解く術を学んでいく。見当をつけるとは，まさに目の前にいる赤ちゃんを見ながら正解を当てていかねばならないのであり，育児書に答えが載っているわけではない。赤ちゃんの支配する時間のなかで，ていねいに向き合う術を学んでいくしかない。

　ところが，赤ちゃんのメッセージを読み解くことが困難な場合もある。わたしたちの多くは，効率を最優先にし，失敗を極力避けるように育てられてきている。逡巡し，失敗を繰り返しながら意図を汲み取っていくこと，もしかすると正解がないかもしれないことに取り組むことは，そのような効率最優先の生き方のなかでは価値がないものとされ，周辺部におしやられてきたのである。しかし，赤ちゃんは，親たちに否応なくこうした価値観の転換を迫る存在となる。

　さまざまな理由で価値観の転換が図れないとき，赤ちゃんのメッセージは親にとって辛くて仕方のないものとなる。何をやっても赤ちゃんが泣き止まないと，親は自分が責められているような気持ちになる。何が不満なのかと怒鳴り，

叱責し，それでも泣き止まないから手を上げる。もちろん泣き声はより大きくなるばかりであり，泣き疲れるかあるいはいのちそのものが消え入るまで泣き声は止まない。このような悲劇を避けるためにも，子ども参加支援研究は，親のエンパワーメントをも視野に入れる必要があるだろう。もちろん，親だけでなく，なんらかの形で子ども参加を支援しているおとなを支えていくための制度改革も考えていかねばならない。

　乳幼児期に，親からメッセージをうまく汲み取ってもらえなかった子どもたちは，その後の人生において参加する力を回復することはできないのであろうか。あるいは，乳幼児期のみならず，生きていく過程で参加する力を殺ぎ落とされてしまった子どもたちは，永遠に他者との関係性を絶ち，自分の存在を消していくほかないのだろうか。

　ヌーバー（U. Nuber）は，「性的虐待，体罰，精神的なテロ，放ったらかし」といった子ども時代のことは「今日でも多くの人にとって，苦悩の歴史である」と認めた上で，子ども時代のトラウマがその後の人生を決定づけるという「傷つきやすい子ども」という神話から解放され，「子ども時代の力」，子どものレジリエンシーに着目する必要があると主張している（Nuber, 1995=1997：3-5）。

　子どもの回復力（resiliency）について藤井は，「手でついた鞠が地面から跳ね返る力，つまり何か落ち込むことがあってもすぐに元の状態に戻ることのできる心の弾力」であり，「この能力は生まれながらにしてこどもたち自身に備わって」いると述べている。ただし藤井によれば，「鞠にも跳ね返ってきたところを受けとめてくれる人が必要なように，こどもたちにもしっかりと自分たちの心を受けとめてくれる人間が不可欠」である（藤井，2000：40）。

　ヌーバーらの見解は，子どもがたとえ親から参加する力を奪われたとしても，親以外のおとなとの信頼関係を築くことや，社会に参加し責任を果たしていくことを通して周囲に自分を受けとめてもらうことで，力を回復していくことを示唆している。これは，力のある存在として生まれた子どもが，成長する過程でその力が奪われたとしても，自分を支えてくれる誰かとの出会いがあれば，奪われた力を取り戻し，積極的に生き続けること――世界に参加し続けることが

できる，ということを意味している。

　こうした「自分を支えてくれる誰かとの出会い」の実現を，制度的に模索する動きもある。

　医療現場においては，小児医療が危機的な状況を迎えつつある中で，子どもに関わる専門家の必要性が議論にのぼり始めた。日本では，病棟保育士と呼ばれる医療現場における保育士[6]が存在するものの，小児病棟への配置率はわずか22％であり，正式に資格化されておらず専門的教育が不足しているといった課題がある（請田・亀島，2007：309）。このような状況を背景として，アメリカやカナダにおけるチャイルド・ライフ・スペシャリスト，スウェーデンのプレイセラピスト，イギリスのプレイスペシャリストといった海外の医療現場において子どもの支援に従事している専門家が日本で研究者の注目を集め始めたのは，単に保育と医療の両分野の専門的知識だけでは病院における子ども支援を適切に行うことができないことを示している。北米のチャイルド・ライフ・プログラムを例に挙げると，その根底には「こどもを一個の価値ある存在として尊重する考え方」があり，「力のある存在」として子どもの固有性が土台に据えられている（藤井，2000：102）。つまり，入院中であっても子どもの権利は保障されるといった子どもの権利基盤型アプローチによる支援こそが求められているのであり，従来の保育・医療の専門職とは異なる視点から小児医療の現場を組み替えていく作業が求められているのである。

　子どもオンブズパーソンを，子どもにとっての「意味ある他者（significant others）」と呼んだのは吉永である（吉永，2003：257）。吉永は，「子ども固有の力を子どもが自ら引き出していくこと」がエンパワーメントであるとして，おとなの役割について，「おとなたちだけで子どもが直面する問題を根絶するとか，おとなの十全な庇護の下に常に子どもを置こう」とするのではなく「問題や課題に対する子どもの参加を，不可欠な前提として受け止めなければならない」と述べた（吉永，2003：251）。子どもの参加を前提とすれば，おとなは問題や課題に対し子どもとともにたたかうことになるのであるが，「まず子どもの声に耳を傾け」，自分が子どもと「ともに置かれている現実を相互の関係の

なかから再構成しつつ，それぞれにとってよりよいものへとつくりかえていくこと（transform）」を支えるおとなが子どもオンブズパーソンである（吉永，2003：257）。

チャイルド・ライフ・スペシャリストやオンブズパーソンもまた，子ども参加の支援者である。ここで内外の多種多様な子ども参加支援者を列挙することはしない。また，各個別領域における子ども参加支援実践を分析することは，別の機会に譲らなければならない。子ども参加支援研究の意義として，ここで提示しなければならないことは，子どもの参加によって，あらゆる現実を子どもの権利を保障する現実に組み替えていくためには，子ども参加支援研究が不可欠だということである。おとな主導でつくられた現実の枠組みの中には，子どもの声はほとんど反映されていない。そこで，子ども参加支援研究は，子どもに関わるあらゆる現実について，ひとつひとつていねいに課題を掘り起こしていかねばならないのである。

子ども参加支援実践が広がりを見せる中で，紡ぎだされた実践を省察的に分析し，実践知として共有していく研究が必要になってくると考えられる。また，分野の異なる支援者との実践的な共同研究や，子どもとともに研究を行っていくための手法開発も求められる。

ところで，本研究では，子どものエンパワーメントの視点から子ども参加支援者の専門性にアプローチしたために，支援する側のおとなや親のエンパワーメントという視点は充分ではないといわざるをえない。近年，参加の現場にいた子どもたちがおとなとなり，自らも支援する側にまわろうとする姿が見られるようになってきた。そこでは，子ども時代には権利を保障されていたにもかかわらず，おとなになり支援する側になった途端，雇用をはじめとした自分の諸権利が保障されていない現実を突きつけられている。また，成人教育論から子ども参加を支援するおとなの学びにアプローチするとどのような内実が明らかとなり，それが子どもとおとなのパートナーシップの構築にどのように影響を及ぼすのかについても，自らの実践を省察しつつ考えていきたい。

制度構築と実践の省察の関係について，第4章では実践の省察によって制度

を変えていくという視点で論じたが，制度の省察的な検証の成果が実践へどのように還元されるのか，両者の有機的なつながりはいかなるものかという問題はいまだ十分に議論されたとはいえない。子ども参加支援をめぐる理論・実践・制度は，省察によってどのように循環し，社会を変革していくのか。この問題に関する実証的な研究にはおそらく10年，20年の時間が必要になるだろう。これらは，今後の課題として引き取ることにするが，その研究を進めていくためには，より総合的な視点に立脚した子ども支援学の展開が不可欠である。

(2) 子ども支援学研究の課題

終章では，子ども参加支援を柱として子ども支援学構築への足がかりを提示することを試みた。これらを踏まえて，子ども支援学の展開に向けて課題を提示したい。

今田は，支援学が「管理を前提としない組織づくりと新しい公共性を開く可能性を示唆」していると指摘した。今田は，その内実の解明は今後の課題としつつ，「まず実践が先にあるべき」であって，たとえば行政が「管理行政ではなく支援行政に変身すべき」である，という（今田，2000：27）。今田の見解に沿えば，子ども支援学にあっても，まずさまざまな現場における実践の蓄積が先行し，その実践の省察により，理論が制度構築へつなげられていくと考えられる。

現在，子ども支援研究は，教育・福祉・医療・建築といった学問領域を中心として個別にあるいはいくつかの分野にまたがって展開されつつある。

教育と福祉については，先に教育福祉論について述べた通りであるが，教育現場における福祉的機能のひとつとしてスクールソーシャルワークが挙げられよう。日本におけるスクールソーシャルワーク[7]実践の始まりは，埼玉県所沢市で1986年に開始され，その後1998年までの12年間展開された山下英三郎の活動であるという考え方が主流である。

山下は，スクールカウンセリングにおいては対象である子どもを「指導あるいは治療，矯正される存在としてとらえ」，スクールカウンセラーと子どもの

関係は「上下」関係であり，「個人の内面に焦点を当て，その変容をもって解決とする」ものであって，基本的には従来の生徒指導や学校教育相談などと方法論的に差異がないとした。これに対して，スクールソーシャルワークにおいては，「子どもは，ワーカーと対等な存在」として扱われ，「一個の人格として尊重され，ワーカーは彼らのパートナーとして共同して問題解決に臨む」という姿勢を保持する。加えて，問題は個人を原因としてその個人の内面から生じるという考え方を採用せず，個人が抱える問題は実のところ「個人と彼らを取り巻く周囲の種々の環境的要素との絡み合いによって生じる」という立場をとるがゆえに，当事者である子どもだけが「一方的に治療されたり矯正されるというアプローチをされることはなく，子どもの周囲の家族や学校，地域社会も変革の対象として想定」される「エコロジカルアプローチ」をとる（山下，2003）。

山下は，ソーシャルワークがひとつの学問領域として固定されることなく複数の学問領域にまたがる諸理論として定型化されたものではないからこそ，ひとりひとりのクライエントに即した現実的で有効な対応ができるのではないかと問いかける。確かにソーシャルワーカーの倫理綱領や人間理解のための理論モデルは存在するものの，対象者に受容されるソーシャルワーカーを養成するための固有の理論や実践モデルは未だに構築されていない（山下，2008：12）。

1988年オランダのライデンにおいて，病院における子どもたちの権利が10項目にわたって記された「ライデン憲章」が作成されたことも着目したい。「ライデン憲章」はのちにEACH (European Association for Children in Hospital, 病院のこどもヨーロッパ協会）によって「病院の子ども憲章」として世界に広められることとなる[8]。建築分野では，これを受けて「病院の子ども憲章」に則った病院環境に関する研究（柳澤・野村・井上，2002：195-196）がなされている。病院のみならず，子どもが利用する建築すべてについて，同様の研究がなされることが期待される。

これらに共通するのは，子どもを一方的に支援の対象に切りつめる従来の方法では立ち行かなくなっている現実に対する意識である。そして，子どもを単

に支援の対象としてではなく，権利主体として捉える子ども観への転換と，子どもの意見表明・参加を保障すべく子どもを支えていくという研究の視点である。

　森楙は，教育社会学の立場から子ども研究の動向を整理し「子ども研究ほど多方面にわたる研究分野でなされている研究も少ない」としながらも，子どもの研究が「学」として独立するためには研究の総合化が必要であるとした。その上で，子ども研究の総合化の核となるのは，「方法論の違いを越えて，今われわれの眼前で生きている子どもに可能な限り近づくということしかない」と指摘している（森，1998：90-92）。子ども支援学についても同様のことが言えるのではないか。

　これは何も個々の領域でなされてきた研究に，無理に総合化を強いることを意味しているのではない。教育学と児童福祉学あるいは医学と建築学といった既存の学問領域は子どもの権利を基盤にすえたとき自然と出会うことになるだろう。これは，学問領域に子どもを合わせるのではなく，子どもに学問領域を合わせた結果生ずることである。そして，個々の領域で積み重ねられつつある子ども支援研究を，子ども支援学として総合化していく鍵は，子ども自身の声を尊重しながら，子どもの「現在」を支えていくことにあるのではないか。子どもの「現在」を支えていく支援者と子ども自身が実践を共有していねいに省察していくことで，理論が形成され取り組むべき課題が提起されて，そこから社会を変革する原動力が生じてくる。このことはひるがえって，子どもの権利を保障するための子ども支援学が，子どもの「現在」と向き合うことでしか具現化できないことを示している。

　子ども参加支援研究は，既存の研究領域に子どもの声という視点をもたらすことになる。これにより，教育・福祉・医療・建築といった研究領域は，子どもの声とともに再構成され，総合化され，子ども支援学へと発展していくだろう。同時に，子ども支援学の展開は，既存の研究領域に子ども支援の観点からの省察を迫り，その成果は子ども参加支援研究に還元されると考えられる。このような関係性の中で，社会のありようを問いなおし，世界を子どもにふさわ

しいものに創りかえることができるのではないだろうか。

　これらの問いはすべて，今後の課題として自らに課すものである。

注
(1) アメリカにおける教育福祉的機能を果たすのは，学校に配置されているスクールソーシャルワーカーである。1906-07年にニューヨーク・ボストン・ハートフォードで移民の子どもたちへの最低限の教育保障を目指したセツルメントワーカーによる「訪問教師(visiting teacher)」がその起源とされる。1913年にはニューヨーク州ロチェスターにおいて教育委員会が訪問教師を予算化したのに伴い，公的に学校制度の中に位置づけられた。その後1920年代からは非行防止や衣食住への支援，ケースワークへと流れを変えつつ，1960年代には学校と地域をつなぐプログラムも開始された。1970年代には，障害児への教育機会の保障に向けた立法の数々によって，スクールソーシャルワーカーが法的に位置づけられるに至っており，2002年度に特別教育（special education）に携わったスクールソーシャルワーカーは，全米で1万8000人，それ以外を含めるとさらに多くなると予想される（半羽，2006：14）。
(2) イギリスには，地方教育局に教育福祉サービスの担い手として「教育福祉官（Education Welfare Officer）」が配置されている。教育福祉官は，1870年の初等教育法による「訪問督学官（School Attendance Visitor）」がその起源とされ，1944年教育法で設置が定められた。教育福祉官は，「長期欠席問題に関して親に対して法律に基づき学校出席を督促・強制する行政官」としての側面と「子どものさまざまな福祉問題に学校という場で，また，学校を通じて対応するソーシャルワーカー」としての側面を併せ持っている（峯本・松本，2006：20-24）。
(3) 平野は，国連関係機関の合意に基づく「人権基盤型アプローチに関する共通理解声明」（2003年）から，国際人権法の諸原則として，人権の普遍性・不可譲性，人権の不可分性・相互依存性・相互関連性，差別の禁止および平等，参加および包摂（インクルージョン），説明責任および法の支配を挙げた（平野，2004a：79）。
(4) 平野は，ホリスティック教育の提唱者のひとりである吉田敦彦の環境教育論に触れて，権利基盤型アプローチは，「木を見て森を見ない」という要素還元主義でもなく，「森を見て木を見ない」という全体主義でもなく，「木を通して森を見る」というアプローチであると説明している（平野，2004a：83）。
(5) アフタフ・バーバンは，「広く子どもから大人に対して，あそび，表現活動を通じて，共に遊びあい，関わり合う中で，一人一人が自分らしく表現することを目指し，豊かな遊び環境および豊かな地域社会をつくり出すこと」を目的とするNPO法人である。
(6) 病棟における保育士について，藤井は，「チャイルド・ライフ・スペシャリストとアプローチの方向を共有する」としながらも，「チャイルド・ライフ・スペシャリストが個々のこどもと家族への「心理的・教育的支援」をすることに対して，保育士は

「発達支援」という役割を担っている」として，両者を区別した（藤井，2000：104）。
(7) 門田らは，「学校ソーシャルワーク」という言葉を用いている。学校ソーシャルワークとは「児童生徒の等しく教育を受ける権利や機会を保障していくことを目的としたソーシャルワークの専門援助活動」であり「児童生徒が教育の機会均等が侵害された状況にあるとき，その状況改善に向けて取り組んでいく」ものである。学校ソーシャルワークは「制度的な学校サポート体制」の一端であり，「アドボカシー」，「グループワーク」，「サービス調整」の実践を重視している（門田，2002：67-78）。門田は，山下のエコロジカルアプローチがマクロレベルの社会環境に比重を傾けすぎて「森を見て木々を見ない」と批判しているが，山下のアプローチはよりホリスティックであることから，本節ではスクールソーシャルワークを例に挙げた。
(8) なお，EACH は，「「病院のこども憲章」を実行することは，同時に子どもの権利条約を実行することになる」としており，こども憲章の履行が子どもの権利条約を基盤に据えたものであることがわかる（European Association for Children in Hospital, 2002=2002: 5）。

おわりに

　本研究は，学位論文『子ども参加支援の総合的研究―子ども参加支援の理論・実践・制度の重層的構造―』のうち，制度について論じた第5章を割愛し，より実践に重きを置いて構成したものである。

　本研究を進めるにあたって，多くの方にご指導とご助言をいただいた。主査である早稲田大学文学学術院の喜多明人先生，副査である梅本洋先生，山西優二先生には厚く御礼申し上げる。また，大学院・助手時代を通して大変お世話になった沖清豪先生，細金恒男先生，増山均先生，村田晶子先生にもこの場を借りて御礼申し上げたい。とくに，村田晶子先生には研究と子育ての先輩として多くの温かい励ましをいただき，見守っていただいた。

　研究の契機となり，推進する力をもたらしてくれたのは，子ども参加のダイナミズム，おもしろさと現場における葛藤であった。おひとりおひとりの名前を挙げることはかなわないが，調査に協力してくださった方々には，心からの感謝を申し上げたい。また，川崎市子ども会議，中野区ハイティーン会議，セーブ・ザ・チルドレン・ジャパン，子どもの権利条約ネットワークなど，自治体やNPO／NGOで子ども参加に携わっている方々，そして何より現場で出会った多くの子どもたちからたくさんのヒントをいただいた。本書へのみなさんからのフィードバックを得て，さらに研究を深め実践をひらいていきたい。

　なお，特定非営利活動法人青少年育成支援フォーラム客員研究員として参加した「「子どもの参加／参画」実践の普及促進のための調査」（財団法人トヨタ財団およびルーセント・テクノロジー財団の助成事業，2004-2005年），早稲田大学特定課題研究「学校における子ども参加実践の現代的意義と課題」（課題番号2004B-824，2004年）からは，研究を進めるにあたって多くの示唆を得たことも記しておきたい。

　最後に，夫と3人の子どもたちに「ありがとう」を伝えたい。家族の理解と

支えがなければ，実践を続け，研究を深めることは困難である。これまでも，これからも。

 2010年3月 　　　　　　　　　　　　　　　　　　　　安部 芳絵

文献一覧

赤池学・金谷年展・中雄政幸　2000『Facilitator　心に火をつける人，消す人』，TBSブリタニカ

姉崎洋一・荒牧重人・小川正人・金子征史・喜多明人・戸波江二・広沢明・吉岡直子編　2007『解説教育六法』，三省堂

安部芳絵　2000「子どもの声を世界へ～チルドレンズ・エクスプレスを可能にする条件」，『Human Rights』，143号

――2001「チルドレンズ・エクスプレス　子どもの声を，ジャーナリズムを通して世界へ発信」，『子どもの文化』，2001年7+8月号

――2005「子ども参加をめざすNGOの現在～「子ども通信社VOICE」を手がかりに」，『子どもの参加　国際社会と日本の歩み』，財団法人アジア・太平洋人権情報センター

安部芳絵・平野裕二　2002「わたしたちにふさわしい世界を」，『子ども論』，2002年8月号

荒牧重人　2002a「自治体子ども施策と子どもの権利研究の課題」，『子どもの権利研究』，創刊号

――2002b「自治体における子どもの権利の総合的な保障――川崎市子どもの権利条例の意義」，『教育』，2002年6月号

――2003「子どもの権利条約と子どもの自己決定」，『法律時報』，75巻9号

――2004a「「子どもにやさしいまち」づくりの視点と課題」，喜多明人・荒牧重人・森田明美・内田塔子編著『子どもにやさしいまちづくり　自治体子ども施策の現在とこれから』，日本評論社

――2004b「子どもの意見表明・参加の権利論の展開と課題」，『子どもの権利研究』，第5号

――2008「子どもにやさしいまちづくりと条例」，『子どもの権利研究』，第12号

新谷周平　2002「行政における子ども・若者参画のプロセス―大人―子ども関係の葛藤と実質化の局面―」，『生涯学習・社会教育学研究』，27号

――2005「青年の視点から見た社会・制度―選択の解釈と支援の構想―」，日本教育社会学会『教育社会学研究』，76集

池田豊慶　2000「エンカウンターグループ」，久世敏雄・齋藤耕二監修『青年心理学事典』，福村出版

磯野昌子・奈良﨑文乃　2008「子ども・女性の参加と開発教育」，山西優二・上條直美・近藤牧子編『地域から描くこれからの開発教育』，新評論

市川昭午　1975「「現代の教育福祉」―教育福祉の経済学―」，持田栄一・市川昭午『教育福祉の理論と実際』，教育開発研究所

市川博　2002　「激動する社会における教師の新たな専門職性の確立へ」，日本教師教育学会『講座教師教育学Ⅲ　教師として生きる　教師の力量形成とその支援を考える』，学文社

伊藤義明　2001a　「学校を子どもたちの手で〜完全学校5日制に向けた新たな学校の創造〜」，日本教職員組合『日教組第50次教育研究全国集会第21分科会教育課程づくりと評価別冊資料』

──2001b　「学校を変える〜子ども参加の学校の創造〜」，子どもの権利条約ネットワーク『子どもの権利条約 Newsletter』，58号

──2006　「子どもとともに創り続ける学校　札内北小学校1999年から2004年の歩み」，澤田治夫・和田真也・喜多明人・荒牧重人編『子どもとともに創る学校　子どもの権利条約の風を北海道・十勝から』，日本評論社

今田高俊　2000　「支援型の社会システムへ」，支援基礎理論研究会編『支援学　管理社会をこえて』，東方出版

岩崎次男　1999　『フレーベル教育学の研究』，玉川大学出版部

請田瞳・亀島信也　2007　「どんなお話してくれる？──入院患児に必要な遊び環境と専門家」，『関西福祉科学大学紀要』，第11号

内田塔子　2002a　「札内北小学校実践の意義と課題」，『季刊子どもの権利条約』，15号

──2002b　「川崎市子どもの権利条例の実施と課題──参加主体としての子どもの育成の必要性」，『教育』，2002年6月号

──2008　「子どもの自己肯定感と権利の救済・保障　子どもの安心と救済に関する実態・意識調査をふまえて」，荒牧重人・吉永省三・吉田恒雄・半田勝久編『子ども支援の相談・救済　子どもが安心して相談できる仕組みと活動』，日本評論社

内田宏明　2005a　「権利基盤型アプローチとしてのスクールソーシャルワークの構築」，『子どもの権利研究』，第7号

──2005b　「戦後日本における学校福祉＝学校社会事業の展開」，『日本福祉学会第53回大会報告要旨集』

遠藤由美　2005　「教育と福祉の権利の展開と課題—現在の養護問題と子どもの発達・学習を中心として—」，『子どもの権利研究』，第7号

大江洋　2004　『関係的権利論　子どもの権利から権利の再構成へ』，勁草書房

大崎広行　2003　「学校ソーシャルワーク再考(3)〜学校ソーシャルワーク実践の初発をめぐって〜」，『日本社会福祉学会第51回大会報告要旨集』

小川利夫　1972　「児童観と教育の再構成──「教育福祉」問題と教育法学」，小川利夫・永井憲一・平原春好編『教育と福祉の権利』，勁草書房

小川利夫　2001　「教育福祉の意義と概説」，小川利夫・高橋正教編著『教育福祉論入門』，光生館

小川正人　2003　「市民参画・協働とボトムアップ型の教育政策づくり」，『つるがしまの教育』，No.110

尾崎新　1997　『対人援助の技法』，誠信書房

―― 1999 「「ゆらぎ」からの出発――「ゆらぎ」の定義，その意義と課題」，尾崎新編『「ゆらぐ」ことのできる力　ゆらぎと社会福祉実践』，誠信書房
―― 2002-2003 「現場の力」，尾崎新編『「現場」のちから　社会福祉実践における現場とは何か』，誠信書房
小沢牧子　2002　「「場」と「専門性」をめぐって―日常の関係を問い直す―発題Ⅰ」，『社会臨床雑誌』，10巻2号
―― 2008　『「心の時代」と教育』，青土社
織田鉄也　2004　「僕にとっての「センター」という存在」，子どもの参画情報センター編『居場所づくりと社会つながり』，萌文社
小野田正利　1992　「フランスにおける生徒の権利と参加の拡大――中央教育審議会への高校生代表参加制度」，『季刊教育法』，90号
門田光司　2002　「不登校児童生徒に対する学校ソーシャルワーク実践の役割機能について」，『社会福祉学』，65号
兼子仁　1993　「教育法学における原理と制度」，神田修編『教育法と教育行政の理論』，三省堂
川崎市市民局・教育委員会　2002　「逐条解説「川崎市子どもの権利に関する条例」」，子どもの権利条約総合研究所編『川崎発子どもの権利条例』，エイデル研究所
河村治人　2003　「「子ども参加」によるまちづくりの将来計画―埼玉県鶴ヶ島市―」，子どもの権利条約ネットワーク『子どもの権利条約 Newslettr』，68号
喜多明人　1990　『新時代の子どもの権利　子どもの権利条約と日本の教育』，エイデル研究所
―― 1993　「子どもの権利条約と子ども参加の理論」，『立正大学文学部論叢』，98号
―― 1995　『新世紀の子どもと学校』，エイデル研究所
―― 1998　「子どもの意見表明・参加の権利」，日本教育法学会子どもの権利条約研究特別委員会『提言　[子どもの権利] 基本法と条例』，三省堂
―― 1999　「子ども参加を支援する」，『はらっぱ』，190号
―― 2000　「逐条解説子どもの権利条約　第5条」，永井憲一・寺脇隆夫・喜多明人・荒牧重人編『新解説　子どもの権利条約』，日本評論社
―― 2001　「子ども・若者参加で支援する実践的なポイント」，『人権教育』，14号
―― 2002a　「子ども参加支援論の構築と課題――子どもの権利条約時代の子ども実践」，『季刊子どもの権利条約』，15号
―― 2002b　「ハートの「子どもの参画」を読み解く―子どもの権利条約と子どもの参加の権利の視点から―」，子どもの参画情報センター編『子ども・若者の参画　R.ハートの問題提起に応えて』，萌文社
―― 2003　「子どもの参加・自己決定的関与権の保障と自治立法」，『法律時報』，75巻9号
―― 2004a　「現代学校と子どもの参加の権利の意義―学校における"選択と参加"を問う―」，喜多明人編著『現代学校改革と子どもの参加の権利　子ども参加型学校共同体の確立をめ

ざして』, 学文社
　――2004b 「子どもの意見表明・参加支援と自治体施策の課題――その制度的な保障を求めて」, 喜多明人・荒牧重人・森田明美・内田塔子編著『子どもにやさしいまちづくり自治体子ども施策の現在とこれから』, 日本評論社
　――2006 「座談会十勝の子ども参加実践を検証する」, 澤田治夫・和田真也・喜多明人・荒牧重人編『子どもとともに創る学校 子どもの権利条約の風を北海道・十勝から』, 日本評論社
　――2008a 「子ども条例のこれまでとこれから―子どもの権利の視点に立った条例を―」, 『子どもの権利研究』, 12号
　――2008b 「条例づくりと子ども参加」, 『子どもの権利研究』, 12号
北島尚志・鈴木隆 2006 「子ども時間を生きる」, 『立教女学院短期大学紀要』, 38号
木下勇 1994 「飯田市りんご並木整備への中学生参加にみる, 参加と教育に関する一考察」, 『都市計画』, No,191
金炯旭 2004 「北海道幕別町の子ども参加実践と学校運営改革」, 喜多明人編著『現代学校改革と子どもの参加の権利 子ども参加型学校共同体の確立をめざして』, 学文社
木村雅 2002 「子どもの学校参加をゆとりの中で」, 日本教職員組合『日教組第51次教育研究全国集会報告書子ども参画と学校改革特別分科会』
久木田純 1998 「概説 エンパワーメントとは何か」, 久木田純・渡辺文夫編集『現代のエスプリ』, 376号
久木田純・渡辺文夫 1998 「はじめに」, 久木田純・渡辺文夫編集『現代のエスプリ』, 376号
熊田登与子・白石淑江・海野稔博 2008 「なごや子ども条例の制定とこれから」, 『子どもの権利研究』, 第13号
栗原とも 2001 「子どもの頃の実感から『子どもの社会参加の意義』を考える」, 『人権教育』, 14号
子どもの人権連・反差別国際運動日本委員会編 1999 『子どもの権利条約のこれから』, エイデル研究所
小西行郎 2003 『赤ちゃんと脳科学』, 集英社新書
　――2005 「巻頭座談会 早期教育は子どもを天才にするか」, クレヨンハウス『子ども論』, 2005年4月号
小松源助 2002 『ソーシャルワーク実践理論の基礎的研究』, 川島書店
今野喜清・新井郁男・児島邦宏・編集代表 2003 『新版学校教育辞典』, 教育出版
桜井高志 2006 「子ども参加ファシリテーターの役割と可能性」, 『子どもの権利研究』, 第9号
佐伯胖 2001 「学習とは, 実践共同体への参加である 正統的周辺参加論の意味するところ」, 『子どもの文化』, 2001年7+8月号
　――2003 『「学び」を問いつづけて 授業改革の原点』, 小学館

── 2008 「看護教育への警鐘 いまこそ行動主義的な教育体制からの脱皮を」,『看護教育』, 49号
澤田治夫・和田真也・伊藤義明・喜多明人・荒牧重人 2006 「座談会 十勝の子ども参加実践を検証する」,澤田治夫・和田真也・喜多明人・荒牧重人編『子どもとともに創る学校 子どもの権利条約の風を北海道・十勝から』,日本評論社
篠原睦治 2002 「「場」と「専門性」をめぐって─日常の関係を問い直す─発題Ⅲ「普通であたりまえの関係」とは何か」,『社会臨床雑誌』, 10巻2号
嶋村仁志 2006 「プレイワークと権利としての遊び支援」『子どもの権利研究』, 第9号
庄井良信 2002 『癒しと励ましの臨床教育学』, かもがわ出版
須藤八千代 2002 「ソーシャルワークの経験」, 尾崎新編『「現場」のちから 社会福祉実践における現場とは何か』, 誠信書房
セルビー, デビッド 1995 「子どもに優しい学校をつくるのに必要なこと」,『月刊子ども論』, 1995年12月号
高木章成 2008 「2007年度の「子ども条例」制定動向の特徴と課題 条例の増加がもたらすもの」,『子どもの権利研究』, 13号
高橋正教 2001 「教育福祉研究 ── これからの捉え方と課題 ── 」, 小川利夫・高橋正教編著『教育福祉論入門』, 光生館
田代高章 1996 「子どもの自己決定と共同決定・参加」, 喜多明人・坪井由実・林量俶・増山均『子どもの参加の権利〈市民としての子ども〉と権利条約』, 三省堂
── 1999 「子ども参加における関係性の質的発展について」,『岩手大学教育学部研究年報』, 第59巻第2号
── 2002 「子どもの参加の権利研究の到達点と課題」,『子どもの権利研究』, 創刊号
田中治彦 1988 『学校外教育論』, 学陽書房
坪井由実 1992 「米国における教育政策決定過程への生徒参加 ── その法制と理論」,『季刊教育法』, 88号
鶴ヶ島市教育審議会 2004 『鶴ヶ島らしさのある教育の創造に向けて─教育大綱案(学校教育部門)─(答申)』
特定非営利活動法人青少年育成支援フォーラム 2005 『「子どもの参加/参画」実践の普及促進のための調査事業報告書』
中野民夫 2003 『ファシリテーション革命 参加型の場づくりの技法』, 岩波書店
長橋彰 2002 「教育参加制度の研究 (2) ─川崎市における教育参加の事例─」,『現代社会文化研究』, 25号
中村桃子 2004 「子どもがつくるまち ミニさくら」, 子どもの参画情報センター編『居場所づくりと社会つながり』, 萌文社
成嶋隆 2002 「子どもの権利条例へのコメント(1)憲法学・教育法学の立場から」,『教育』, 2002年6月号
西野博之 2002 「「場」と「専門性」をめぐって─日常の関係を問い直す─発題Ⅱ」,『社会

臨床雑誌』, 10巻2号
——2006 『居場所のちから 生きてるだけですごいんだ』, 教育史料出版会
日本教育法学会子どもの権利条約研究特別委員会 1998『提言［子どもの権利］基本法と条例』, 三省堂
野村武司 1998 「子どもの権利基本条例要綱案の意義と内容」, 日本教育法学会子どもの権利条約研究特別委員会編『提言［子どもの権利］基本法と条例』, 三省堂
半羽利美佳 2006 「アメリカにおけるスクールソーシャルワークの現状と課題—"host settings"での実践を通して—」,『ソーシャルワーク研究』, 32巻2号
浜田寿美男 2002a 「解説 子ども時代は大人への準備の時代か」, エルカインド著, 戸根由紀恵訳『急がされる子どもたち』, 紀伊國屋書店
——2002b 「新たな〈学校のかたち〉を求めて —— まず子どもが生きている世界を基本に」,『教育評論』, 第660号
東史織 2003 「滋賀県・21世紀子ども参画社会づくり事業」,『子どもの権利研究』, 第2号
——2004a 「子どもの参加支援のためのサポーター養成の課題」,『子どもの権利研究』, 第4号
——2004b 「子どもの参加支援のサポーター養成」, 喜多明人・荒牧重人・森田明美・内田塔子編著『子どもにやさしいまちづくり 自治体子ども施策の現在とこれから』, 日本評論社
——2005 「子どもワーク会議 —— 子どもの権利を考える子どもたち」,『子どもの権利研究』, 第6号
東雅宏 2007 「合併に伴う子どもの権利条例の制定過程と展望」,『子どもの権利研究』, 第10号
平沢安政 2000 「子どもがエンパワーする人権教育研究プロジェクトについて」,『子どものエンパワメントと教育』, 解放出版社
平野裕二 2001 「「身近」で「ふつう」の子ども参加を」,『人権教育』, 16号
——2003 「世界で進む「子どもに優しい都市」（CFC）に向けたとりくみ」,『子どもの権利研究』, 第2号
——2004a 「子どもの権利条約の実施における「権利基盤型アプローチ」の意味合いの考察」,『子どもの権利研究』, 第5号
——2004b 「子どもは生まれたときから権利の主体—国連・子どもの権利委員会が乳幼児期の子どもの権利について議論—」, 子どもの権利条約ネットワーク『子どもの権利条約NewsLetter』, 77号
——2004c 「国連・子どもの権利委員会から報告 乳幼児が主体的な権利をもつために」,『子ども論』, 2004年12月号
福田雅章 2001 「あらためて子どもの権利の本質を問う—「川崎市子どもの権利条例」は, 子どもの権利の本質を踏まえているか—」,『教育』, 2001年9月号

藤井あけみ　2000　『チャイルド・ライフの世界　こどもが主役の医療を求めて』，新教出版社
藤田昌士　1974　「生活指導概念の再検討」，『教育』，1974年6月号
―― 1974　「生活指導概念の再検討―2―」，『教育』，1974年8月号
―― 1976　「生活指導と民主的人格の形成 ―― 城丸章夫氏の批判にこたえる」，『教育』，1976年10月号
―― 1996　「戦後教育改革と生徒参加の理論 ―― 戦後初期の文部省著作物に即して」，喜多明人・坪井由実・林量俶・増山均『子どもの参加の権利〈市民としての子ども〉と権利条約』，三省堂
―― 1999a「生徒参加　その歴史・現状と課題」，全国民主主義教育研究会『未来をひらく教育』，117号
―― 1999b「「自治」概念の歴史的検討　戦前の小学校と戦後の小・中・高等学校に即して」，『立教大学教育学科研究年報』，42号
―― 2008　「子どもの権利と生活指導」，折出健二編『生活指導』，学文社
堀公俊　2003　『問題解決ファシリテーター「ファシリテーション能力」養成講座』，東洋経済新報社
幕別町立札内北小学校　2001　『学校経営の概要2001』
―― 2002　『本校の姿　2002年度版』
増森平八郎　2003　「鶴ヶ島市における子ども参加と「開かれた教育」」，『子どもの権利研究』，第2号
増山均　1996　「子どもの自治と社会参加の課題」，喜多明人・坪井由実・林量俶・増山均『子どもの参加の権利〈市民としての子ども〉と権利条約』，三省堂
―― 2001　「「子ども参加」という理想に向かって「川崎市子どもの権利条例」の意義と課題」，『住民と自治』，2001年3月号
松原治郎　1977　『地域社会における青少年の社会参加とこれを実効あらしめるための諸条件づくり（青少年問題研究調査報告書）』，総理府青少年対策本部
松原治郎　1978　『日本の青少年 ―― 青少年教育の提唱』，東京書籍
水島希　2001　「「子どもの商業的性的搾取に反対する世界会議」に向けた動き」，『インパクション』，124号
三寺康裕　2003　「「子ども参加の学校」を支える教育課程の自主編成」，北教組『第52次合同教育研究全道集会報告書』
峯本耕治・松本伊智朗　2006　「イギリスのスクールソーシャルワーク制度について」，『ソーシャルワーク研究』，32巻2号
宮川正文　2008　「市町村合併と射水市子ども条例の課題　小杉町条例を引き継ぐ」，『子どもの権利研究』，13号
三宅隆史・田中雅文　2004　「民間セクターにおける生涯学習の展開―社会教育関係団体とNPOを中心に―」，日本社会教育学会編『講座　現代社会教育の理論Ⅲ　成人の学習と生

涯学習の組織化』
向谷地生良　2002　「弱さを絆に　「弱さ」は触媒であり稀少金属である」，浦河べてるの家『べてるの家の「非」援助論　そのままでいいと思えるための25章』，医学書院
森栟　1998　「子ども研究の動向と課題」，『教育社会学研究』，第63集
森良　2001　『コミュニティ・エンパワーメント』，エコ・コミュニケーション
森田明美　2006　「子ども支援の新展開—子どもの権利の視点から—」，『子どもの権利研究』，第9号
──2007　「子育て支援策と条例」，『自治体法務研究』，No.8
──2008　「子どもの相談・救済制度の構築とまちづくり」，荒牧重人・吉永省三・吉田恒雄・半田勝久編『子ども支援の相談・救済　子どもが安心して相談できる仕組みと活動』，日本評論社
森田ゆり　1998　『エンパワメントと人権　こころの力のみなもとへ』，解放出版社
──2000　「子どものエンパワメント」，部落解放・人権研究所編『子どものエンパワメントと教育』，解放出版社
柳澤要・野村みどり・井上美保　2002　「病院における子ども支援プログラムに関する研究　その5「病院のこども憲章」を履行する病院環境」，『日本建築学会大会学術講演梗概集』，E-1
柳沢昌一　2008　「〈実践の中の知のプロセス〉に問いをひらく　ショーンの『省察的実践とは何か』を読み解く」，『看護教育』，Vol.49No.5
柳澤良明　1991　「ドイツの合議制学校経営における校長の位置と役割」，『日本教育経営学会紀要』，第33号
山口真美　2003　『赤ちゃんは顔を読む』，紀伊國屋書店
山口美和・山口恒夫　2005　「教師の専門性と自己省察能力──「習熟」モデルと教育における理論／実践観の批判的考察」，『信州大学教育学部紀要』，115号
山下英三郎　2003　『スクールソーシャルワーク—学校における新たな子ども支援システム—』，学苑社
──2006a　「スクールソーシャルワーク—実践と理論との距離をいかに埋め合わせるか—」，『ソーシャルワーク研究』，32巻2号
──2006b　『相談援助　子どもたちとの関わりを中心に』，学苑社
──2008　「スクールソーシャルワーク　実践と理論との距離をいかに埋め合わせるか」，『ソーシャルワーク研究』，32巻2号
山西優二　2002　「参加型学習」，遠藤克弥監修『新教育事典』，勉誠出版
山本克彦　2000　「コミュニティにおけるワークショップの可能性」，『龍谷大学大学院紀要　社会学・社会福祉学』，第7号
山本敏郎　1999　「生活指導とエンパワーメント」，『生活指導研究』，16号，エイデル研究所
吉永省三　2003　『子どものエンパワメントと子どもオンブズパーソン』，明石書店
世取山洋介　2001　「子どもの権利論の基本問題をめぐって──「服従かさもなくば解放か」

あるいは関係の質の改善か」,『人間と教育』, 31号
鷲田清一　1999　『「聴く」ことの力――臨床哲学試論』, 阪急コミュニケーションズ
―― 2001　『〈弱さ〉のちから　ホスピタブルな光景』, 講談社
―― 2003　『老いの空白』, 弘文堂
―― 2006　『「待つ」ということ』, 角川学芸出版
渡辺奈美子　2002　「横浜会議と子ども参加の意義を考える」,『季刊子どもの権利条約』, 15号, エイデル研究所
和田真也　2006　「権利としての子ども参加と教育実践」, 澤田治夫・和田真也・喜多明人・荒牧重人編『子どもとともに創る学校　子どもの権利条約の風を北海道・十勝から』, 日本評論社
Comenius, J.A. 1657 *Didactica Magna*=1956　稲富栄次郎訳『大教授学』, 玉川大学出版部
Cox, E.O. and Persons, R. J. 1994 *Empowerment-oriented Social Work Practice with the Elderly*, Thomson Publishing Inc.=1997　小松源助監訳『高齢者エンパワーメントの基礎　ソーシャルワーク実践の発展を目指して』, 相川書房
Cranton, P. 1992 *Working with Adults Learners*, Toronto: Wall & Emerson=1999-2006　入江直子・豊田千代子・三輪建二共訳『おとなの学びを拓く』, 鳳書房
―― 1996 *Professional Development as Transformative Learning*. Jossey-Bass=2004　入江直子・三輪建二監訳『おとなの学びを創る』, 鳳書房
Dewey, J. 1916 *Democracy and Education: An Introduction to the Philosophy of Education*=1975　松野安男訳『民主主義と教育（上）』, 岩波書店
Driskell, D. 2002 *Creating Better Cities with Children and Youth; A manual for Participation*, UNESCO & Earthscan Publications, Ltd., London
ECPAT International 1999 *Standing up for Ourselves: A study on the Concepts and Practices of the Young People's Rights to Participation*, UNICEF
Elkind, D. 1981 *The Hurried Child: Glowing up too Fast too Soon*, A subsidiary of PerseusBooks L.L.C., New York=2002　戸根由紀恵訳『急がされる子どもたち』, 紀伊國屋書店
Ennew, J. 2002 Outside Childhood; Street Children's Rights, *The New Handbook of Children's Rights; Comparative Policy and Practice*, Routledge.
European Association for Children in Hospital, 2002 *Information The EACH Charter and Annotations*=2002　野村みどり監修『「病院のこども憲章」注釈情報』, 病院のこどもヨーロッパ協会
Franklin, B. 1995 "Levels of Participation" Culled from the Presentation of Perlyn "Lakan" Bunye at the Consultation-Workshop on Child Participation.
Freire, P. 1967-1968 *Educação como Prática da Liberdade and Extension o Communication*, =1982　里見実・楠原彰・桧垣良子訳『伝達か対話か』, 亜紀書房
―― 1972　*Pedagogy of the Oppressed*, Harmondsworth, Penguin =1979, 1982　小沢有作・

楠原彰・柿沼秀雄・伊藤周訳『被抑圧者の教育学』, 亜紀書房
―― 1992 *Pedagogia da Esperança: um Reencontro com a Pedagogia do Oprimido*, Paz e Terra=2001　里見実訳『パウロ・フレイレ　希望の教育学』, 太郎次郎社
Friedmann, J. 1992 *Empowerment: The Politics of Alternative Development*, Blackwell =1995-2002　斉藤千宏・雨森孝悦監訳『市民・政府・NGO 「力の剥奪」からエンパワーメントへ』, 新評論
Fröbel, F. 1826 *Die Menschenerziehung, die Erziehungs-, Unterrichts- und Lehrkunst, angestrebt in der allgemeinen deutschen Erziehungsanstalt zu Keilhau*=1964　荒井武訳『人間の教育（上）』, 岩波書店
Gutiérrez, L.M. 1990 Working with Women of Color: An Empowerment Perspective. *Social Work*, 35 (2)
Gutiérrez, L.M., Parsons, R.J., Cox, E.O. 1998 *Empowerment in Social Work Practice: A Sourcebook*. Brooks/Cole Publishing Company=2000　小松源助監訳『ソーシャルワーク実践におけるエンパワーメント』, 相川書房
Hart, R. 1997 *Children's Participation: The Theory on and Practice of Involving Young Citizens in Community Development and Environmental Care*, UNESCO & Earthscan Publications, Ltd., London,=2000　木下勇・田中治彦・南博文監訳, IPA 日本支部訳『子どもの参画――コミュニティづくりと身近な環境ケアへの参加のための理論と実際』, 萌文社
Hodgkin, R. and Newell, P. 1998 *Implementation Handbook for the Convention on the Rights of the child*, UNICEF.
Halldorson, L. 1996 Claiming Our Place in the Cercle: Indigenous Children's Rights, *A Report on the Caring for Indigenous Children Capacity Building Workshop and a Plan for Action*, The School of Child and Youth Care and the Aboriginal Liaison Office, University of Victoria and UNICEF.
John, M. 1996 Voicing: Research and Practice with the Silence, *Children in Charge: The Children's Rights to a Fair Hearing*.
―― 2003 Children's Rights and Power, *Charging up for a New Century*, Jessica Kingsley Publishers, London.
Landsdown, G. 2001 *Promoting Children's Participation in Democratic Decision-Making*, UNICEF Innocenti Research Center Flolence, Italy.
Lave, J. and Wenger, E. 1991 *Situated Leaning: Legitimate Peripheral Participation*, Cambridgr University Press, Cambridge=1993-2003　佐伯胖訳『状況に埋め込まれた学習　正統的周辺参加』, 産業図書
Nuber, U. 1995 *Der Mythos vom Frühen Trauma, Über Macht und Einfluß der Kindheit*, S. Fischer Verlag GmbH, Frankfurt am Main=1997-2000　丘沢静也訳『〈傷つきやすい子ども〉という神話』, 岩波書店

Pike, G. and Selby, P. 1988 *Global Teacher, Global Learner*, Hodder and Stoughton Ltd.= 1997-2000　中川喜代子監修，阿久澤麻理子訳『地球市民を育む学習― Global Teacher, Global Learner ―』，明石書店

Pettman, R. 1986 *Teaching for Human rights: Pre-school and Grade* 1-4, Commonwealth of Australia=2002　福田弘監訳・内田多美訳『幼児期からの人権教育　参加体験型の学習活動事例集』，明石書店

Polanyi, M. 1966 *The Tacit Dimension*, Routledge&Kegan Paul Ltd., London =1980-2003　佐藤敬三訳『暗黙知の次元　言語から非言語へ』，紀伊國屋書店

Rees, F. 1998 *The Facilitator Excellence Handbook: Helping People Work Creatively & Productively Together*, John Wiley and Sons Ltd.=2002　黒田由貴子，P・Y・インターナショナル訳『ファシリテーター型リーダーの時代』，プレジデント社

Rochat, P. 2001 *The Infant's World*, Harverd University Press, Cambridge, Massachusetts =2004　板倉昭二・開一夫監訳『乳児の世界』，ミネルヴァ書房

Rousseau, J-J. 1762 *Émile ou de l'éducation*=1962-1999　今野一雄訳『エミール（上）』，岩波書店

Rowe, D. 1989 'Forword' in J. Masson, *Against Therapy*, London: Collins.

Rowe, D. 1991 *Wanting Everything*, London: Harper Collins.

Schön, D.A. 1983 *The Reflective Practitioner: How Professionals Think in Action*, Pleasure Books, Inc., Cambridge=2007　柳沢昌一・三輪建二監訳『省察的実践とは何か　プロフェッショナルの行為と思考』，鳳書房

Solomon, B.B. 1976 *Black Empowerment: Social Work in Oppressed Communities*, Columbia University Press.

UNICEF　2000　*The State of the World's Children 2001*, UNICEF = 2001　ユニセフ駐日事務所訳『2001年世界子供白書』

UNICEF　2002　*The State of the World's Children 2003*, UNICEF = 2003　平野裕二・(財)日本ユニセフ協会広報室訳　『2003年世界子供白書』

UNICEF 2004　*Building Child Friendly Cities; A Framework for Action*, Innocenti research center international secretariat for child friendly cities.

Wallerstein, N. 1993 Empowerment and Health: The Theory and Practice of Community Change, *Community Development Journal*, Vol. 28 No. 3.

索　引

CSEC（Commercial Sexual Exploitation of Children，子どもの商業的性的搾取）　95
enfant　39
IPA（子どもの遊ぶ権利のための国際協会）　43
Participation（参加）　72
Power（パワー）　72
Protection（保護）　72
Provision（供与）　72

あ

赤ちゃん　36
　　　　――の参加　37
新しい専門職像　154
新しい力　48
アニメーター（animator）　81
あやつり（Manipulation）　51
新たなプロフェッショナル像　29
暗黙知　87-89, 91, 142, 144
意識化　70, 88, 89, 91, 129
一般的意見第7号　45
居場所　89
意味ある他者（significant others）　170
エンカウンター・グループ　76
エンパワーメント　19, 33, 63, 65, 67, 70-75, 131, 132, 148, 159, 170, 171
お飾り（Decoration）　51

か

ガイダンス概念　23
形だけ（Tokenism）　51
川崎市子どもの権利に関する条例　148
危機管理　89
聴くこと　119, 124, 125, 155
技術的熟達者　88
教育福祉論　156, 157, 159
共同決定　9, 10
共同行動　9
共同責任　9
現場の力　29
権利基盤型アプローチ（the rights-based approach）　149, 158-160

権利の全面的主体（a full subject of rights）　8
国連子ども特別総会　43
心のケア　37
子どもオンブズパーソン　170
子ども参加ファシリテーター　80-82, 85, 160
子ども通信社 VOICE　98
子どもにふさわしい世界　43
子どものエンパワーメント　67
子どもの権利学習　130, 131
子どもの権利救済　71
子どもの権利条約　8
子どもの権利としての参加　8
子どもの最善の利益　74
子どもの参加支援モデル　51
子どもの参加の諸側面　63
子どもの自己決定　9
子どものための世界サミット　43
子どもの弱さ（vulnerability）　44

さ

埼玉県鶴ヶ島市子どもフリートーク　107
参加（participation）　57
　　　　――の11段階（11 Levels of Participation　57
　　　　――の橋づくり（Builing the Brige of Participation）　54
　　　　――のはしご　18, 53
　　　　――の輪（The Wheel of Participation）　59
参加型学習　78
参照枠　90
支援　19-26
　　　　――行為　20
　　　　――システム　20
自己肯定感　118
自治　13
実践共同体　61
実践の省察　143, 144, 154
実践知　86, 88, 98, 110, 119, 142-144, 146, 154

失敗　113
指導（guidannce）　21
十全参加（full paticipation）　61
状況的学習論　90
状況に埋め込まれた学習　62
省察（reflection）　20, 88, 132, 137, 141, 143, 146, 154
省察的実践　89
　――者　80
触媒　80
助産師　86
水平的関係　129
スクールカウンセラー　172
スクールソーシャルワーク　172
ストックホルム会議　95
ストリートワーカー（street worker）　81
生活指導　23
正統的周辺参加（Legitimate Peripheral Participation: LPP）　61
生徒参加　11
生徒自治　13
責任　110
専門性　27

た

対話　125
力のある存在　41
チャイルド・ライフ・スペシャリスト　170
鶴ヶ島市教育審議会　107
『鶴ヶ島市　子どもとおとなの関わり方』　143
トランスフォーマティブな参加　11

な

ニーズアプローチ　149-151
ニーズの階層性　158
乳幼児期の子どもの意見および気持ちの尊重（Respect for the views and feelings of the young child）　46
乳幼児期の子どもの参加　38

は

発達しつつある能力　45
ハート，R.　18, 51
パートナーシップ　96
万民のための教育に関する世界会議　43
非参加（nonparticipation）　52, 57
病院の子ども憲章　173
病棟保育　170
ファシリテーター　33, 76-87, 94, 95, 145
福祉（ニーズ中心）アプローチ　158
ふりかえり　101, 142
フリースペース　89
プレイスペシャリスト　170
プレイセラピスト　170
プレイリーダー（play leader）　81
フレーベル　40
プレ参加（preparticipation）　57
プロモーター（promoter）　81
冒険遊び場　81
北海道幕別町立札内北小学校　103
ホリスティック（holistic）　159

ま

待ちの教育　115
待つこと　110, 116, 127, 143, 145, 155
ミニさくら　97

や

ゆらがない力　30, 31, 125-127
ゆらぎ　20, 98, 143, 144, 154, 155
ゆらぐことのできる力　30, 31
横浜会議　95
弱さ　163

ら

レジリエンシー（resiliency）　73

わ

ワークショップ　83
わざ　29, 87

著者略歴

安部芳絵（あべ よしえ）

1975 年　大分県生まれ
2006 年　早稲田大学大学院文学研究科教育学専攻博士後期課程単位取得退学
2009 年　博士（文学, 早稲田大学）
早稲田大学文学学術院助手, 早稲田大学文学学術院助教を経て,
現在, 工学院大学教育推進機構准教授
東京都世田谷区子ども・青少年問題協議会委員（平成23-24年度期），
中野区ハイティーン会議ファシリテーター

著書　『災害と子ども支援』（単著, 学文社, 2016 年）
　　　『省察的実践者の教育—プロフェッショナル・スクールの実践と理論』（ドナルド・A・ショーン著, 柳沢昌一・村田晶子監訳, 第4章翻訳, 鳳書房, 2017年）

子ども支援学研究の視座

2010 年 4 月 30 日　第 1 版第 1 刷発行
2017 年 9 月 20 日　第 1 版第 3 刷発行

著　者　安部　芳絵

発行者　田中　千津子
発行所　㈱学文社

〒153-0064　東京都目黒区下目黒3-6-1
電話 03（3715）1501㈹
FAX 03（3715）2012
http://www.gakubunsha.com

印刷所　新灯印刷

© Yoshie ABE 2010　Printed in Japan
乱丁・落丁の場合は本社でお取替えします。
定価は売上カード, カバーに表示。

ISBN978-4-7620-2064-3